DU mein Duisburg

Marco Hofmann

DU mein Duisburg

Entdeckungsreise durch eine Stadt mit Charakter

anno verlag

MEIN Duisburg besteht aus Plätzen voller Erinnerungen. Manche sind schön. Andere haben mein Leben geprägt. Duisburg ist aber auch voller Menschen.

*

Ich danke vor allem:
Duisburg. Für meine Frau Alexandra. DU hast sie gemacht, wie sie ist.
Manuel Reiß. Der auch in Berlin ein Vorzeigeduisburger geblieben ist.
Carsten Kautz. Für Bilder, Ideen und kalte Getränke.

*

Aus Gründen der Lesbarkeit wird in diesem Buch auf die gleichzeitige Verwendung männlicher und weiblicher Sprachformen verzichtet. Personenbezeichnungen gelten natürlich immer für beiderlei Geschlecht.

DU mein Duisburg
Entdeckungsreise durch eine Stadt mit Charakter

Bibliografische Information der Deutschen Bibliothek.
Die Deutsche Bibliothek verzeichnet diese Publikation in der Deutschen Nationalbibliografie; detaillierte bibliografische Daten sind im Internet über http://dnb.ddb.de abrufbar.

Fotos Umschlagseite: Hans Blossey (oben), Marco Hofmann (unten links), Alexander Laubenthal (Rest); vierte Umschlagseite: Alexander Laubenthal; Umschlagklappe hinten: Marco Hofmann (links unten), Alexander Laubenthal (Rest)
Satz und Titelgestaltung: kasoan, Herzogenrath
ISBN: 978-3-939256-07-6
E-Mail: info@anno-verlag.de
Web: www.anno-verlag.de

INHALT

VORWORT

Von Oberbürgermeister Sören Link

Ein Buch über die guten Seiten Duisburgs zu schreiben, das ist endlich einmal eine gute Idee.

Spuken doch auch heute noch die merkwürdigsten Gerüchte und Vorurteile über meine Heimatstadt in den Köpfen der Leute herum, als wäre „Schimanski" nicht ein toller Krimi, sondern eine Dokumentation über unsere Stadt gewesen. Natürlich ist Duisburg eine Stadt, deren Bild von Kohle, Eisen und Stahl, Hafen und Industrie geprägt worden ist und natürlich bestimmen auch heute noch die großen Werke das Stadtbild, aber das ist für einen echten Duisburger kein Makel. Wir sind stolz darauf. Aber Duisburg war nie nur Industrie, Duisburg war immer mehr.

Kaum eine andere große Industriestadt besitzt so viel Wald und Grünfläche wie Duisburg und jeder kann hier sein Freizeitangebot finden – vom alpinen Klettern in den alten Erzbunkern des Landschaftsparks bis zu Spaziergängen in nahezu unberührter

Natur. Zwei meiner Lieblingsplätze in Duisburg will ich als Beispiele beschreiben, die unterschiedlicher nicht sein können. Beide sind aus den Hinterlassenschaften alter Industrie entstanden und sind so unterschiedlich, wie es nur geht.

Nur wenige Schritte vor meiner Haustür liegt die Walsumer Rheinaue, ein Naturschutzgebiet direkt hinter dem Deich. Wälder, Teiche, Seen, Felder und Sumpf bestimmen das Bild. Die Rheinaue ist durch Bergsenkungen nach dem Abbau der Kohle entstanden, eine künstliche Auenlandschaft, die heute zahlreichen seltenen Tieren und Pflanzen eine Heimat bietet. Hier gehe ich gern spazieren, um abzuschalten, Abstand zu gewinnen und neue Kraft zu tanken. Das sei doch nichts Besonderes, sagen Sie? Ich finde schon, oder brüten bei Ihnen auch die Störche direkt vor der Haustür?

Mein zweiter Lieblingsfleck in Duisburg zeigt auf ganz andere Weise das Gesicht des neuen Duisburg, zeigt, wie sehr Duisburg sich verändert hat. Der Innenhafen in Duisburg war der Ort, wo die Schiffe das Getreide entladen haben, aus dem dann das Brot für die Menschen im Ruhrgebiet gebacken wurde. So bestimmen alte Großmühlen und Speicher das Bild des Hafens auf der Südseite. Diese Speicher und Lager sind in den letzten Jahren mit großem Aufwand restauriert und neu gestaltet worden und beherbergen heute eine vielfältige Gastronomie, Museen und Freizeitangebote, aber eben auch Büros und Ateliers. Auf der Nordseite zeigt der Innenhafen sein modernes Gesicht. Glänzende Bürogebäude aus Glas und Aluminium schaffen die Verbindung von Arbeit und Freizeit in einer gelungen gestalteten Umgebung. Hier ist ein gemeinsamer neuer Lebensraum entstanden, der zeigt, wie innerstädtische Bereiche den modernen Ansprüchen aller Altersgruppen gerecht werden können. Ein Quartier, in dem Leben, Arbeiten und Freizeit eine ganz enge Verbindung eingegangen sind.

Wenn es darum geht, warum ich gern hier lebe und warum ich diese Stadt so mag, dann darf man auch die Duisburgerinnen und Duisburger nicht vergessen: Eine offene Stadt-Gesellschaft, gerade heraus, herzlich und „echt“. Das zeichnet Duisburg aus – deswegen lebe ich gerne hier!

Sören Link

VORWORT

Von Marco Hofmann

Tach auch! So sagt man es hier bei uns. In Duisburg. Wenn Sie Duisburg kennen, wissen Sie's vielleicht bereits: Duisburg ist die schönste Stadt.

Diese Meinung habe ich nicht exklusiv. Aber in vielen Teilen Deutschlands sorgt dieser Satz meist für die gleiche Reaktion: Irritiertes Innehalten. Gespanntes Warten. Auf ein Lächeln, das den Satz als Ironie entschärft. Wer da ernst bleiben kann, muss das erklären. Ich erkläre Duisburg immer wieder gerne zur schönsten Stadt der Welt und Ihnen erkläre ich auch gerne warum.

Der differenziert denkende Mensch wird jetzt – völlig zurecht – einwerfen: Dann erklärt der Autor aber sicher auch die hässlichen, langweiligen und biederen Seiten von Duisburg, wie es sich für ein Porträt gehört. Hätte dieses Buch den Anspruch auf Vollständigkeit, würde zum Licht natürlich auch Schatten gehören. Dieser Anspruch existiert nicht.

Die Schattenseiten kennen Sie schon aus dem „Tatort“ etc. Diese Sendungen wurden vielfach mitten ins Klischee gezeichnet. Aber Sie wollen sicher lieber etwas Neues lesen. Deshalb gibt es dieses Buch. Deshalb gibt es mehr Licht als Schatten. Und deshalb habe ich an manchen Stellen den Lichtschalter etwas stärker aufgedreht. „Überzeichnet“ könnte man das nennen. „Ins (r)echte Licht gerückt“, sage ich dazu.

Vielleicht ist Duisburg nicht für jeden Menschen die schönste Stadt der Welt. Aber; ich verspreche Ihnen: Wenn Sie dieses Buch gelesen haben, wirkt Duisburg auf Sie sehr viel schöner, als Sie erwartet hatten. Wobei Schönheit immer im Auge des Betrachters liegt. Es soll schließlich auch Menschen geben, die Düsseldorf für die schönste Stadt halten – oder Oberhausen ...

Wenn Sie mit der Lektüre fertig sind – oder mittendrin – nehmen Sie sich einfach ein paar Tage Zeit. Durchstreifen Sie die Stadt und lernen Sie Duisburgs unbekannte Seiten und seine schönsten Gesichter kennen.

EINFÜHRUNG

Überraschung zu Beginn und am Ende

Am meisten überraschen werden den Unkundigen, der Start- und Zielpunkt erreicht hat, jedoch diese Orte selbst. Schließlich liegt der nördlichste Punkt Duisburgs, an der Grenze zu Dinslaken, direkt inmitten der Walsumer Rheinauen, dem mit über 500 Hektar größten Naturschutzgebiet der Stadt. In südlicher Richtung endet die Route kurz vor dem zu Düsseldorf-Wittlaer zählenden Bockum. Vielleicht jedoch nicht mehr lange. Seit Jahren gibt es die Planung in Mündelheim den Rheindeich neu anzulegen. Duisburgs südlichstes Haus, der über 100 Jahre alte Höffges-Hof, müsste dafür geopfert werden. Der letzte begehbare Punkt im Süden fiele dann aus heutiger Sicht buchstäblich ins Wasser.

Sowohl im Norden, als auch im Süden, bildet der Rhein also einen Teil der Stadtgrenze. Schon daraus wird deutlich, Duisburg ist eine Wasserstadt. Weil es diese natürliche „Zweiteilung" gibt und ein Streifzug von Norden nach Süden (oder umgekehrt) einen wichtigen Teil, nämlich das westliche bzw. linksrheinische Stadtgebiet, nur streifen könnte, nähern wir uns, liebe Leserinnen und Leser, der Stadt von allen Seiten, die Duisburg

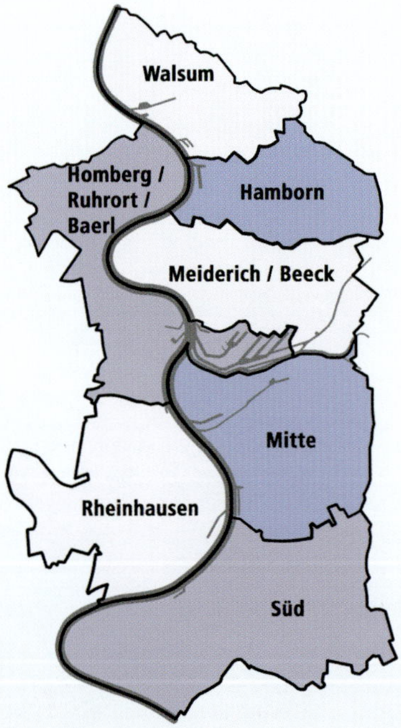

Bei einer (Kennenlern-)Tour durch Duisburg bietet es sich – ganz klassisch – an, Stück für Stück von einer Seite zur anderen zu reisen. Gut 30 Kilometer Wegstrecke ist die kürzeste Route von Nord nach Süd (oder umgekehrt) lang. Sie führt durch die weniger schönen, die großstädtisch-normalen und einige der faszinierendsten Bereiche der Stadt.

Auf den Duisburger Seen wird viel gesegelt.

ausmachen. Apropos linksrheinisch: Ur-Homberger und Rheinhausener, beide Stadtbezirke wurden 1975 eingemeindet, wollen bis heute noch mit der Stadt Duisburg nicht zu viel zu tun haben.

Wo ist „die“ Stadt?

Wenn der Hochemmericher sagt, „Ich fahr‘ in die Stadt“, meint er Rheinhausen, gleiches beim Hochheider. Wenn dieser wiederum sagt, „Ich fahr jetzt richtig in die Stadt“ meint er wahrscheinlich sogar Moers. Aber auch Hamborner und Walsumer – auf der rechten Rheinseite – sagen immer noch, dass sie nach „Duisburg“ fahren, wenn sie die Stadtmitte meinen. Denn zum 1. Januar 1975 wurden die Städte und Gemeinden Walsum, Rheinhausen, Homberg, Rumeln-Kaldenhausen und Baerl im Zuge der kommunalen Neuordnung eingemeindet. Ein Umstand, der tatsächlich immer noch nicht überall akzeptiert wird.

Standortvorteil Ruhrgebiet

Das alles spricht gleichermaßen für die Metropolregion Rhein-Ruhr, mit zehn Millionen Einwohnern die größte in Deutschland, und das Ruhrgebiet als ein Teil dieser Metropolregion, das sich von Hamm bis Moers, von Wesel bis Hagen und von Marl bis Hattingen erstreckt. Mittendrin liegen so spannende Städte wie Essen, Bochum, Dortmund und, nunja, Oberhausen oder Gelsenkirchen ...

Oben: Kein Ausflug der Zootiere – die Giraffe ist aus Legosteinen. Unten v. l.: Ein Teil des Thyssen-Stahlwerks, eines der vielen Vereinsheime, eine der über 700 Brücken im Stadtgebiet.

Das Kunstwerk „Das Geleucht“ steht auf der Halde Rheinpreussen in Moers, von hier bietet sich ein wunderbarer Blick auf Duisburg und den Niederrhein.

Im „Pott“ leben über fünf Millionen Menschen. Es ist der fünftgrößte Ballungsraum Europas. Hier ist es möglich in einer Stunde mit der Bahn durch die Innenstadt von fünf Großstädten zu fahren. Mit dem Auto sind ein Dutzend Großstädte in ebendieser Zeit von Duisburg aus erreichbar. Zum Beispiel Düsseldorf, Köln, Münster oder Wuppertal. Der Ruhrpott ist „die“ Region in Deutschland. Doch um das fantastische Ruhrgebiet soll es hier ja gar nicht gehen. Sondern um das Einfallstor zum Ruhrgebiet und das Oberzentrum des Niederrheins. Die Stadt Duisburg.

Wie Duisburg war und heute ist

Vor 100 Jahren, 1911/1912, verzeichnete die Stadt Duisburg binnen zwölf Monaten einen Einwohnerzuwachs von fast 3,4 Prozent. Der damalige Oberbürgermeister Karl Jarres, der 1925 fast Reichspräsident geworden wäre – soll regelrecht Angst vor dem rasanten Wachstum gehabt haben. 245.000 Menschen, die heutigen Stadtbezirke Hamborn, Walsum, Rheinhausen und Homberg gehörten noch längst nicht dazu, lebten damals in Duisburg. Sie kamen, weil es in der Großstadt Arbeit gab. In der Stahlindustrie, im Bergbau, im Hafen. 1975 gab es, nach Eingemeindungen und einigem Auf und Ab, fast 600.000 Duisburger. Dabei ist Duisburg erst seit 1904 Großstadt. Damals lebten hier etwas mehr als 100.000 Menschen.

Alte Anlagen erinnern an vergangenen Zeiten.

Steigende Einwohnerzahlen verzeichnet das heutige Duisburg schon lange nicht mehr. Nach über 30 Jahren als Halbmillionenstadt ging dieser „Titel“ 2006 wenig überraschend verloren. Seitdem schrumpft die Stadt ständig. In den nächsten zehn Jahren wird die Bevölkerungszahl wahrscheinlich um weitere 30.000 Menschen sinken. 2030 wird es wohl weniger als 450.000 Duisburger geben. Wer es sich leisten kann, zieht weg?

Manche sehen das so. Und wer in Duisburg lebt, hat tatsächlich oft nicht das Geld, um sich im niederrheinischen Speckgürtel ein Haus mit Garten zu kaufen. Doch es gibt auch überzeugte Duisburger. Begeisterte Einwohner einer Stadt, die es schon lange nicht mehr leicht hat. Im Fernsehen und in überregionalen Medien wird über Duisburg immer nur dann berichtet, wenn die multikulturelle Gesellschaft, Arbeitslosigkeit und der Niedergang des deutschen Kohlebergbaus Thema sind. Oder wenn Schimanski in Wiederholungen durch graue Häuserschluchten marschiert und dabei das Herz auf der Zunge trägt. Doch wie kann man gerne in einer Stadt leben, wenn Auswärtige mit ihr angeblich kaum etwas Positives verbinden? Oder anders gefragt: Kann eine Stadt

Ein Blick auf die Schlote, dazwischen viel Grün, im Hintergrund der Rhein – typisch Duisburg.

einem so schlechten Image überhaupt entsprechen? Unmöglich! Doch es soll hier nicht darum gehen, die Schattenseiten schön zu reden. Wohl aber darum, sich auf die schönen Seiten zu konzentrieren. Duisburg ist eine Großstadt, noch immer Nummer 15 in Deutschland und die fünftgrößte Stadt in NRW. Von der Fläche betrachtet liegt sie bundesweit sogar auf Platz 13. Vor Essen, vor Stuttgart und vor Düsseldorf.

In jedem der (noch) sieben Stadtbezirke, unterteilt in 46 Ortsteile und zwei Ortschaften, verstecken sich potenzielle Lieblingsplätze. Es gibt waschechte Sehenswürdigkeiten und faustdicke Überraschungen. Oder hätten Sie gewusst, dass Duisburg laut Deutschem Wetterdienst eine der wärmsten Städte Deutschlands ist, mehr Brücken als Venedig hat und fast 45 Prozent der Stadtfläche von Wald, Grün- und Landwirtschaftsflächen oder Wasser bedeckt sind?

Kommen Sie mit! Entdecken Sie Duisburg und geben Sie dieser Stadt eine Chance – auch wenn Sie glauben, das schon einmal gemacht zu haben. Sie hat es verdient! Das verspreche ich Ihnen als Autor, der nicht in dieser Stadt geboren wurde, heute nicht mehr (direkt) in ihr lebt und doch von ihr nicht lassen kann. Denn egal wohin die Reise mich auch führte, wenn ich zurückkomme und von weitem die Schlote sehe und dann über eine der Rheinbrücken fahre, spüre ich, dass ich zu Hause bin. Vertrautheit und Behaglichkeit machen sich breit und das sichere Gefühl, zurück in der Heimat zu sein. Doch hier soll es auch nicht um Gefühle gehen, zumindest nicht nur.

Idyllisches Wohnen im Grünen ist – wie hier in Wanheim-Angerhausen – in vielen Stadtteilen möglich.

Also, klären wir zuerst weitere unumstößliche

Fakten, Daten und Ereignisse

Duisburg

› ist heute 232 Quadratkilometer groß
› hat eine 101 Kilometer lange Stadtgrenze
› war schon zur Römerzeit besiedelt
› war im 5. Jahrhundert ein Lager der Franken
› war seit 740 Königshof
› wurde erstmals 883 namentlich als „Duisburch" erwähnt
› bekam 1129 von König Lothar III. die Erlaubnis, Steine brechen zu dürfen
› war Mitglied der Hanse
› lag im Mittelalter an der wichtigen Fernhandelsstraße Westfälischer Hellweg
› war eine von zwei Münzprägestätten der Diözese Köln
› war 1610 Geburtsort der Evangelischen Kirche im Rheinland
› war im 19. Jahrhundert Kreisstadt
› ist seit 1873 kreisfreie Stadt
› feierte 1983 das 1.100-jährige Stadtjubiläum
› hat heute den größten Binnenhafen der Welt

Ein doppeldeutiger Schriftzug, gefunden im Landschaftspark Nord (links). Die Gedenktafel für die Toten und Verletzten der Loveparade 2010 hängt am Ort des Unglücks.

Und, auch wenn sich über Geschmack trefflich streiten lässt. Duisburg hat sich in den vergangenen 20 Jahren zum Vorteil verändert!

Historische Rückschläge

Duisburg

- wurde 883 von Normannen erobert
- wurde im 14. Jahrhundert als Handelsmetropole vom Rhein abgeschnitten
- trafen im Zweiten Weltkrieg rund 300 Fliegerangriffe, wobei 80 Prozent aller Wohngebäude zerstört wurden. Allein am 14. und 15. Oktober 1944 warfen die Alliierten Bomben mit einem geschätzten Gesamtgewicht von 9.000 Tonnen auf Duisburg ab.

Im Juli 2010 geschah dann die Katastrophe bei der 19. und letzten Loveparade. 21 Menschen starben, über 500 Menschen wurden körperlich verletzt und tausende traumatisiert. Ein rabenschwarzer Tag in der Geschichte der Stadt. Dem dann ein weiteres Trauerspiel folgte. Die Stadt wurde über mehr als anderthalb Jahre politisch lahm gelegt. Nahezu jede Entwicklung wurde blockiert. Es waren die Duisburger, die das Heft des Handelns schließlich selbst in die Hand nahmen. Am 12. Februar 2012 wählten die Bürger bei einem in NRW erstmals durchgeführten Verfahren Oberbürgermeister Adolf Sauerland eindrucksvoll eindeutig ab. Ihm folgte bei der Oberbürgermeisterneuwahl am 1. Juli Sören Link ins Amt.

Doch dies alles ist hier nur erwähnt, weil es für Duisburg als Stadt wichtig war und ist. In „DU mein Duisburg" geht es darum aufzuzeigen, dass sich in Duisburg wunderschöne Tage erleben lassen. Einzelne als Besucher oder ganz viele als Bürger der Stadt.

1. KAPITEL

DU, DIE STADT AM WASSER

Als der damalige NRW-Ministerpräsident Jürgen Rüttgers im Sommer 2008 mal wieder nach Duisburg kam, hatte er einen hinkenden Vergleich im Gepäck. Duisburg sei in den vergangenen Jahren zu einem „Venedig des Westens“ geworden. Das ist natürlich Quatsch. Venedig ist unverwechselbar und Duisburg schon alleine wegen seiner vielen Kilometer Rheindeich deutlich besser vor Überschwemmungen geschützt, als die Lagunenstadt an der Adria. Das Lob des Ministerpräsidenten zielte dabei aber eigentlich in eine ganz andere Richtung. Es ging darum, festzustellen, dass die Stadt ihr Potenzial erkannt hat. Die vorhandenen Wasserflächen werden genutzt, um attraktiver für die Bürger zu werden.

© 2005 Presse- und Kommunikationsamt der Stadt Duisburg
2012 Überarbeitung – ohne Maßstab

In Deutschland haben nur die Hansestädte Bremen und Hamburg mehr Wasserfläche. 700 Hektar des Stadtgebietes sind von Wasser bedeckt. Hier fließt die der Metropolregion den Namen gebende Ruhr in Europas großen Strom: den Rhein. Eine der am dichtest befahrenen Wasserstraßen der Welt.

Anlegefläche an der Regattabahn.

Duisburg habe, so Rüttgers, mit dem Innenhafen, in dem die drei Säulen Wohnen, Arbeiten und Freizeit in direkter Wassernähe verbunden wurden, eine „Vorbildfunktion" für andere Kommunen in der wasserreichen Region.

Der Vergleich Duisburg-Venedig ist jedoch viel älter. Aber immer noch eindrucksvoll. Denn Duisburg hat tatsächlich mehr Brücken. Über 700 gibt es hier und damit deutlich mehr als in der italienischen Flitterwochenmetropole – oder in Sankt Petersburg. Doch, um die Ehre der für ihre Brücken bekannten Lagunenstadt zu retten: Duisburg ist deutlich größer und hat kein Bauwerk mit dem Charme der Rialtobrücke. Abgesehen von vielen Brücken haben beide Städte also wirklich nicht viel gemein.

Um Duisburgs blaue Seite kennenzulernen – etwa zehn Prozent der Stadtfläche sind von Wasser bedeckt, die Wasserfront ist 169 Kilometer lang – muss man sich von gängigen Bildern lösen. Sie ist eine typische Wasser- und Hafenstadt. An vielen Stellen gibt es Containerkräne und Schiffsanleger, aber nirgendwo ein Meer. Stattdessen liegt Duisburg mitten in Nordrhein-Westfalen und der Metropolregion-Ruhr – gut 220 Kilometer von den niederländischen Nordseesandstränden entfernt. Ein sommerlicher Tagesausflug ans Meer ist also wirklich gar kein Problem.

Ein Blick auf die Schlote, dazwischen viel Grün, im Hintergrund der Rhein – typisch Duisburg.

Der Duisburger Hafen

Täglich fahren unzählige Schiffe über Duisburg zum größten Tiefseehafen Europas nach Rotterdam. Auch der Hafen Antwerpen und zahlreiche Häfen in Übersee werden von hier aus angesteuert. Schiffe aus Duisburg steuern weltweit rund 100 verschiedene Häfen an. Kreativ denkende Menschen kamen deswegen bereits auf die Idee, den Duisburger Binnenhafen als den westlichsten Seehafen Deutschlands zu bezeichnen. Lassen wir aber Fakten sprechen. Allein die Uferfläche ist rund 40 Kilometer lang. 17 Umschlagufer sind mit Gleisanschluss ausgestattet. In Duisburg ist die Wasserfläche des Hafens mit seinen 21 Becken rund 18 Quadratkilometer groß. Das ist zwar nur ungefähr die Fläche, die das zu den Cook Inseln gehörende völlig unbekannte und winzige Eiland Aitutaki beansprucht, doch diese verteilt sich so über die Stadt, dass der Hafen eigentlich überall präsent ist. Überhaupt: Der Hafen! Er ist so wichtig für die Stadt und sorgt dafür, dass noch heute hanseatischer Flair in Stadtteilen wie Ruhrort spürbar ist.

Eigentlich heißt „der“ Hafen „Duisburg-Ruhrorter-Häfen“. Gemeint ist damit der größte Binnenhafen der Welt. Weil es aber auch in anderen Städten große Häfen gibt und immer wieder mal zu vernehmen ist, dass der Duisburger Hafen vielleicht doch nur der zweit- oder der drittgrößte Hafen ist, hat sich die Stadt selbst für eine Umschreibung entschieden: „Der Duisburger Hafen gehört zu den bedeutendsten Binnenhäfen der

Im Hafengebiet stehen viele Kräne.

Welt“. Das zumindest ist nun wirklich absolut unstrittig. Auf fast 1.000 Hektar Fläche dreht sich alles um Distribution, Lagerhaltung, Umschlag und Transport.

Noch gehört der Hafen der öffentlichen Hand, doch einige Teile werden längst privatwirtschaftlich betrieben. Laut Hafen-Chef Erich Staake wurde 2011 jedenfalls jeder zweite Container, der auf dem Rhein zwischen Holland und der Schweiz unterwegs war, in Duisburg umgeschlagen. Der Güterumschlag wächst rasant. 2011 konnte um 18 Prozent zugelegt werden. Im Duisburger Hafen wurden rund 2,5 Millionen Container umgeschlagen. Auch wenn der Kohlebergbau die Stadt verlassen hat und die Metallindustrie nicht mehr die Rolle spielt, die sie vor wenigen Jahrzehnten noch inne hatte, der Hafen bleibt ein Pfund, mit dem gewuchert werden kann:

Von der Duisburger Hafen AG „duisport“ und den ansässigen Firmen sind in Duisburg und in den Nachbargemeinden rund 40.000 Arbeitsplätze abhängig. In Duisburg selbst sind 17.000 Menschen für die rund um den Hafen angesiedelten Unternehmen tätig – etwa jeder achte Duisburger Arbeitnehmer verdankt seinen Arbeitsplatz dem Hafen. Jährlich laufen weit über 20.000 Schiffe den Hafen an. Durchschnittlich kommen täglich rund 80 Schiffe an und 80 Schiffe pro Tag verlassen den Hafen. Relativ wenige von ihnen bedienen den Kurzstreckenseeverkehr, das heißt, sie steuern mit ihrer Fracht andere europäische Häfen an. Der Rhein zwischen Düsseldorf und den Niederlanden ist laut der in Duisburg ansässigen Wasser- und Schifffahrtsverwaltung mit rund 170 Millionen Jahresgütertonnen und bis zu 600 Schiffen pro Tag die meistbefahrene Wasserstraße Europas. Der Duisburger Hafen selbst blickt auf eine fast 800-jährige Geschichte zurück. Bereits im ausgehenden Mittelalter gab es in Ruhrort eine Rheinzollstelle. 1655 wurde hier eine Schiffergilde begründet. 1712 entstand eine erste richtige Schiffswerft. Das erste Hafenbecken, das den Warenumschlag vereinfachte, wurde jedoch erst ab 1715 gebaut. Demnach feiert der Hafen 2015 seinen 300. Geburtstag.

Kräne, Silos, Schiffe: Duisburg ist eine waschechte Hafenstadt.

Die Expansion des riesigen Hafens, der sich mit seinen Gebäuden und Becken über die gesamte Stadt erstreckt, geht stetig weiter. Doch langsam gehen die Flächen aus und es wird über die Stadtgrenze hinaus gesucht. Ein Großunternehmen wie Amazon, das sich sehr für den Standort Duisburg interessiert hatte, konnte nicht mehr untergebracht werden, sodass sich der Versandhändler mit seinem neuen Verteilzentrum und fast 3.000 Arbeitsplätzen 2011 in der Nachbarschaft niederlassen musste. Es gibt aber auch im Hafen noch freie Grundstücke. Das attraktivste ist die alte Speditionsinsel, die heute Mercatorinsel heißt. Hier lagerten früher zigtausend Tonnen Stahl. Nachdem das Areal hochwassersicher gemacht und um drei Meter aufgeschüttet wurde, sollen hier nun moderne Bürogebäude errichtet werden. Dagegen macht die Schrottinsel weiter ihrem Namen alle Ehre. Altmetall aus ganz Deutschland wird hier in handliche 2,5 Tonnen-Blöcke gepresst und weiterverschifft. Um ganz neue Flächen zu schaffen sollen in den kommenden Jahren 100 Millionen Euro investiert werden.

Spätestens seit Ende der 90er Jahre ist das englische Wort für Hafen „port" fester Bestandteil der Beschreibung des sich vollziehenden Strukturwandels. Damals wurde Logport eröffnet. Auf dem einstigen Gelände der Krupp-Hütte entstand ein gigantisches Logistikzentrum. Rund 250 Logistikfirmen sind am Standort „duisport" angesiedelt, kleine Mittelständler und Logistikriesen wie Kühne und Nagel oder Rhenus. Großes Plus von Logport ist die trimodale Anbindung, was nichts anderes bedeutet, als dass Waren über Straße, Schiene und Wasserweg an- und abtransportiert werden können. Mit dem rund 20 Kilometer entfernten Düsseldorfer Flughafen ist zudem der Warentransport über Luft eine vierte Möglichkeit. Insgesamt sind auf dem ersten Logport-Gelände 1,2 Millionen Quadratmeter überdachte Lagerfläche entstanden. An drei wasserangebundenen Containerterminals kann die Ware gelöscht werden. Im Hafengebiet gibt es über 130 aktive Krananlagen. Der stärkste Kran wurde auf den Namen Leo getauft und kann unglaubliche 300 Tonnen heben – ungefähr soviel, wie 60 ausgewachsene afrikanische Elefantenbullen auf die Waage bringen.

Ungewiss bleibt die Frage, wem der Hafen in Zukunft gehören wird. Noch halten die Stadt Duisburg, das Land Nordrhein-Westfalen und der Bund je ein Drittel, doch über einen Verkauf wird seit Jahren spekuliert. Seine Bedeutung für Duisburg und seine Faszination auf Einheimische und Besucher wird er jedoch garantiert nie verlieren.

Riesige Containerstapel finden sich überall im Stadtgebiet.

Der perfekte Ort zum Angeln oder einfach nur zum Schiffe gucken.

Duisburg, die Schifferstadt

Ausflüge zum Hafen lohnen sich. Per Rad oder zu Fuß. An den Schleusen wird ein eindrucksvolles Technikspiel geboten, wenn tonnenschwere Schiffe Höhenunterschiede überwinden, das sich aus nächster Nähe verfolgen lässt. Die Schleuse Meiderich am Rhein-Herne-Kanal zählt zu einer der deutschlandweit am häufigsten genutzten Schleusen. Seit ihrem Neubau 1980 ist das Becken zwölf Meter breit und 190 Meter lang, damit passen auch Schubverbände und große Gütermotorschiffe hinein. Fast 20.000 Schiffe fahren diese Schleuse jährlich an. Und weil jeder Binnenschiffer früher oder später hier durch muss, ist es auch kein Wunder, dass eine der beiden letzten Schifferberufsschulen Deutschlands ihren Sitz in Homberg hat. Hier am Eisenbahnhafen liegt auch gut sichtbar seit 1948 das „Schulschiff Rhein".

Im Schifferberufskolleg Rhein erhalten Auszubildende für die Binnenschifffahrt, den Boots- und Schiffsbau sowie die Hafenlogistik regelmäßig Blockunterricht. In dieser Zeit wohnen sie auf dem Schulschiff und der nebenan vor Anker liegenden Rhein II. Das Motto lautet: „In Duisburg ausgebildet, in Europa zu Hause." Allerdings ist das Interesse an dem Beruf des Binnenschiffers in den vergangenen Jahren deutlich ge-

Erinnerungen an die Schifffahrt finden sich überall, so hier ein alter Anker neben dem Rhein.

An vielen Stellen kommt man ganz nah ans Wasser.

sunken. Dabei ist es eine Branche mit guten Zukunftsaussichten. Die Schiffsjungen- und -mädchen, der Anteil der Frauen im Beruf wächst, haben „beste Aufstiegschancen und einen sicheren Arbeitsplatz“. So wirbt Volker Seefeldt, Präsident des Arbeitgeberverbandes der deutschen Binnenschifffahrt mit Sitz am Ruhrorter Hafenmund. Hier ist auch der Bundesverband der Deutschen Binnenschifffahrt angesiedelt.

Der Verband vertritt die Interessen der Fracht- und der Personenschifffahrt und ist mit einer Dependance in Berlin aktiv. Übrigens haben die Binnenschifffahrtsvertreter aus ihren Büroräumen jedes Jahr einen beneidenswerten Blick auf „Ruhrort in Flammen“. Das Spektakel begleitet das viertägige Fest im Hafenstadtteil. Das rund 30-minütige Feuerwerk mit brennendem Wasserfall von der Friedrich-Ebert-Brücke ist eine der größten pyrotechnischen Veranstaltungen am Niederrhein. Noch bessere Sicht auf das Feuerwerk haben jedoch die Besucher, die an einer Schifffahrt zum Feuerwerk teilnehmen.

Es gilt ohnehin: Wer Duisburg noch nicht vom Wasser betrachtet hat, kennt die Stadt nicht.

Vom Steiger Schwanentor, direkt neben der Innenstadt, starten die meisten Besucher ihre Hafenrundfahrt.

Erlebnis Hafenrundfahrt

Eine Hafenrundfahrt drängt sich da geradezu auf. Anbieter hierfür gibt es mehrere. Die Fahrten dauern je nach Route zwei bis vier Stunden und bieten häufig die Möglichkeit an mehreren Stationen ein- und auszusteigen. Einer der Anbieter, die „Ruhrorter Personenschifffahrt" beschreibt die Hafentour so anschaulich, dass dem nicht viel hinzuzufügen ist: „Entdecken Sie mit uns die 25 Kilometer lange Duisburger Rheinreede und ihre Hafenanlagen. Nicht nur die öffentlich rechtlichen Häfen prägen den größten Binnenhafen der Welt, was Sie dann auf unseren Touren Richtung Walsum oder Huckingen erleben werden. Bitte nur anmelden, wenn Sie Natur, Kühe und Schafe mögen." Denn tatsächlich: Sieben große Schafsherden pflegen die Überschwemmungsgebiete.

Diesen Ausblick genießen auch die Flusskreuzfahrer, die seit 2012 in Duisburg Station machen. „Entdecken Sie Duisburg mit seinem einzigartig rauen Charme und seiner ganz eigenen gewachsenen Industriekultur", bewirbt die A-Rosa Flussschiff GmbH eine ihrer Rheinreisen, die neben Frankfurt, Nimwegen und Amsterdam unter anderem auch Duisburg ansteuert. Hier machen die Kreuzfahrer mehrere Stunden Station und haben in dieser Zeit die Gelegenheit, die Stadt zu erkunden. Und sich das Hotel für den nächsten Aufenthalt schon einmal vorzumerken. Denn nicht erst seit dem Kulturhauptstadtjahr spürt die gesamte Rhein-Ruhr-Region einen Trend zu mehr Touristen.

Duisburger Fakten rund ums Wasser

Duisburg war bereits im ersten Jahrhundert nach Christus eine wegen ihrer Flussnähe günstig gelegene und damit wichtige Römersiedlung. Diese gründete auf einer Landerhebung rund um den heutigen Burgplatz. So ist es kein Zufall, dass die größte historische Katastrophe mit dem Wasser zu tun hat. Die Verlagerung des Rheins im späten Mittelalter bremste Duisburgs Wachstum heftig aus.

Seen werden gerne als kostenloses Freibad genutzt.

Heute wird wieder auf und am Wasser gearbeitet. Und auf und am Wasser (und mitten darin) lässt sich auch hervorragend die Freizeit verbringen. Möglichkeiten bieten die Flüsse und Kanäle und vor allem die vielen (Bagger-)Seen zuhauf. Wer einmal an einem heißen Tag im Hochsommer im Wasser der Ruhr gebadet hat und dabei das kühle Nass fast für sich alleine hatte, kommt wieder. Die Ruhrwiesen zwischen Meiderich, Ruhrort, Duissern und Kaßlerfeld laden für jedwede Sommeraktivität ein.

Sie sind ein beliebter Versammlungsort und dennoch so weitläufig, dass jede Interessengruppe – vom Luftmatratzenfan bis zum Frisbeespieler – ganz nach Anspruch eine kleine oder größere Nische findet. Trotz dieser Möglichkeiten sind die Ruhr – aber auch die Rheinwiesen – nie sonderlich voll und noch immer fast so etwas wie ein Geheimtipp. Vielleicht liegt es aber nur daran, dass Duisburg jede Menge traumhafte Stellen bietet, einen Sommertag zu verbringen. Aber Achtung: Offiziell darf nur an sehr wenigen Stellen geschwommen werden und das Schwimmen gerade in den Flüssen kann sehr gefährlich sein.

Winterimpression: Die Sechs-Seen-Platte trägt ihre Reize ganzjährig eindrucksvoll zur Schau.

Die unglaublich große Sechs-Seen-Platte

Trotzdem fällt die Wahl vieler Duisburger, aber auch die von Bewohnern anderer Städte, an Sommertagen häufig auf die berühmte Sechs-Seen-Platte im südlichen Stadtbezirk. Böllert-, Haubach-, Masuren-, Wambach-, Wildförster- und Wolfssee sind zusammen rund 150 Hektar groß und liegen eingebettet in ein fast doppelt so großes waldreiches Erholungsgebiet, um das Duisburg von vielen Ruhrgebietsstädten beneidet wird. Mit Recht.

Die Sechs-Seen-Platte entstand zu Beginn des 20. Jahrhunderts, als im Stadtteil Wedau ein neuer Bahnhof und die Eisenbahnersiedlung gebaut wurden. Praktisch veranlagt wie die Menschen hier sind, wurden die benötigten Kies- und Sandmengen aus dem nahe gelegenen Gebiet herbei transportiert. Durch nachdrängendes Wasser entstanden im Laufe weniger Jahre die ersten Seen. Der Haubachsee wurde erst 2001 komplett ausgebaggert und erst seitdem verdient die Sechs-Seen-Platte ihren Namen endlich vollends.

Der südliche Bereich der Seenplatte ist ein Biotopschutz- und -entwicklungsgebiet, in dem Freizeitaktivitäten im Wasser nicht erlaubt sind, sondern Tiere und Pflanzen gedeihen dürfen. Masuren-, Wambach- und vor allem der Wolfssee sind jedoch den

Dank Wolfsberg und Aussichtsturm bietet sich ein Blick aus 86 Meter Höhe über das grandiose Panorama.

meisten Duisburgern auch aus der Entenperspektive bekannt. Hier kann, etwa im 1972 eröffneten, stetig erweiterten Strandbad Wolfssee, geschwommen und getobt werden und hier finden Taucher, Paddler, Angler, Surfer, Segler und andere Bootsfahrer massig Gelegenheit ihren Hobbys zu frönen. Entsprechend haben sich rund um die sechs Seen zahlreiche Vereine angesiedelt. Vor allem ist die Sechs-Seen-Platte aber das Mekka für alle, die Freizeit auf angenehme Weise in schöner Umgebung sportlich oder relaxt und unter freiem Himmel verleben wollen. Tausende Menschen, die sich gerne am oder im Wasser aufhalten, besuchen die sechs Seen und eben nicht die wesentlich spärlicher frequentierten Flussufer (s. o.).

Was für eine Aussicht!

Manche kommen aber auch wegen der Aussicht hierher. Die rund 18 Kilometer lange Wanderwegstrecke führt vor allem durch alten Mischwald. Hier können, zumindest an ruhigen Tagen, Spaziergänger reichlich Vogel- und andere Tierarten beobachten, wie es in Duisburg sonst nur noch im Stadtwald an der Grenze zu Mülheim oder in den

Auf der Sechs-Seen-Platte wird gerne und viel gesegelt.

Rheinauen möglich ist. Einen besonders schönen Panoramablick finden nicht nur Fotografen auf dem Scheitelpunkt der 1976 errichteten Fußgängerbrücke, die den weiten Weg um Masuren- und Wolfssee überflüssig macht. Von hier kann den Seglern direkt ins Boot geguckt werden und an jedem Sonntagvormittag trainiert hier die Neufundländer Wasserarbeitsgruppe NRW auf ihrem Vereinsgelände. Die bärigen Hunde werden darauf trainiert, schiffbrüchige Personen im Wasser anzusteuern und aus den Fluten zu retten. Kindern und Tierfreunden bietet sich regelmäßig ein eindrucksvolles Bild, wenn die bis zu 80 Kilogramm schweren Hunde aus fahrenden Motorbooten in den See springen.

Eine der schönsten Aussichten der Stadt bietet sich jedoch vom Wedauer Aussichtsturm. Zwar fiel der erste, 1994 eingeweihte Holzturm 2002 einem Brandstifter zum Opfer, doch innerhalb weniger Jahre gelang es durch ein breites Bündnis aus Bürgern, Politik, Wirtschaft und Verwaltung den Turm wieder aufzubauen. Seit 2006 steht diese, jetzt aus Stahl gebaute Landmarke auf dem 63 Meter hohen, in den späten 60er Jahren wiederum durch Kiesaufschüttung entstandenen Wolfsberg. Der neue Turm ist mit 23 Metern sogar zwei Meter höher als der abgebrannte Holzturm. Wer von hier den Ausblick über die Wasserlandschaft der sechs Seen genießt, steht also summa summarum 86 Meter über Normalnull und damit auf dem höchsten frei begehbaren Punkt der Stadt. Der Wedauer Aussichtsturm ist ein schönes Beispiel dafür, was Menschen, die stolz auf ihre Stadt und ihre Schönheit sind, bewirken können, wenn sie sich entschließen, etwas auf die Beine zu stellen – und dran bleiben.

Bleiben wir (be)im Wasser. Übrigens: Der Wasserverbrauch ist laut Stadtwerken in Duisburg seit den 70er Jahren rückläufig. Damals betrug der Wasserverbrauch über 50 Millionen Kubikmeter, heute sind es nur etwas mehr als 30 Millionen. Das liegt aber wohl nicht nur an der Wasserspardisziplin der Duisburger, sondern auch daran, dass sich seitdem die Einwohnerzahl deutlich, nämlich um mehr als 100.000 Menschen, verringerte. 2011 wurde wegen des geringeren Verbrauchs sogar das Wasserwerk im westlichen Stadtteil Rumeln-Kaldenhausen verkauft.

Wasser aus den Tiefen der Rheinaue

Apropos Wasserwerk. Wasser ab Werk gibt's in Walsum. Hier ist zu schmecken, dass Duisburg auch eine Stadt auf dem Wasser ist. Ob Felsensteiner, Rheinfels, Reinoldus, Römerwall oder Mercator – alle Mineralwassermarken gehören zur Hövelmann-Unternehmensgruppe mit Sitz in Walsum. Der Getränkehersteller, zu dem auch die Marke Sinalco gehört, blickt bereits auf eine über 100-jährige Geschichte zurück und konnte 1972 in den Walsumer Rheinauen die erste Mineralquelle erschließen. Diese entspringt unterhalb des Naturschutzgebietes und unter einer 150 Meter dicken Tonschicht in 300 Metern Tiefe. Von hier wird das Wasser direkt in die Produktionsstätte in Walsum geleitet.

China-Krabben an der Angel

Auf Gutes aus dem Wasser setzen die Angler der Stadt. Sage und schreibe rund 30 Angelvereine, in denen sich fast 2.000 Angler organisiert haben, gibt es. Eine Zahl, die es nur in einer Stadt geben kann, die vom Wasser geprägt ist. Laut Fischerei-Bildungsseminar sind über 500 Hektar Wasserfläche in Duisburg potenzielles Angelgebiet – nur auf den Seen. Hinzu kommen noch etliche Kilometer entlang der Uferzonen des Rheins und der Ruhr sowie in den Hafenbecken. Geködert werden können hier vor allem Aal, Wels, Zander, Hecht, Barsch, Karpfen, Schleie sowie viele Weißfischarten. Und dann wären da noch die Neozoen, die durch den Menschen eingeschleppten Wassertiere, die in den hiesigen Gewässern eigentlich nichts verloren haben. Die Chinesische Wollhandkrabbe zum Beispiel ist ausgesprochen schmackhaft. Für die Angler ist sie jedoch zur Plage geworden. Die wander- und angriffslustigen Tiere dezimieren weitflächig den Fischbestand.

Wer sich nicht mit der Rute längere Zeit auf die Lauer legen und selbst angeln will, findet an anderer Stelle Schmackhaftes. In privaten Angel-Teichen und -Weihern ist ein schnelles Erfolgserlebnis so gut wie garantiert. Erst recht, wenn man sich vor Ort ganz einfach an der Frischtheke eindeckt.

Angler finden am Rhein überall ein passendes Plätzchen.

INSIDERTIPP Bei den Angelteichen mit Verkauf von frischem Fisch ist vor allem die Anlage von Adolf Braun in Duissern empfehlenswert. „Delikatfisch Braun" hat der Chef sein Geschäft bezeichnender Weise genannt, das er seit Anfang der 70er Jahre auf einem Teil der Ruhrwiese aufgebaut hat. Hier kann nicht nur – geangelt und Fisch gekauft werden –, der Besuch der Anlage ist für sich alleine schon einen Besuch wert, weil hier in Jahrzehnte langer liebevoller Arbeit auf 30.000 Quadratmetern eine Grünanlage entstanden ist, die beeindruckt. Der Fisch, den es hier zu kaufen gibt, ist bundesweit bekannt: Braun hat sich schon vor Ewigkeiten sein eigenes Räucherpatent gesichert. Aal und Forelle, die bei ihm aus dem Rauch kommen, schmecken einzigartig lecker. Davon, dass es hier am Werthacker in Duissern die „beste Räucherforelle der Welt" gibt, waren auch die Organisatoren des Kulturhauptstadtjahres 2010 überzeugt.

Die Rheinfähre fährt bis zu 200 Mal am Tag

Eine schöne Möglichkeit über Wasser zu fahren bietet die Rheinfähre Walsum-Orsoy bei Stromkilometer 793. Die 1958 erbaute und 2011 auf den neuesten technischen Stand gebrachte Fähre „Glückauf" nutzen täglich viele Pendler und gerade am Wochenende Radfahrer und Wanderer. Denn die Fähre ist nicht nur die nerven- und umweltschonendere Alternative zur Fahrt über die Autobahn, sie bietet auf beiden Seiten eine tolle Möglichkeit, den Niederrhein von seiner schönsten Seite kennenzulernen.

Bis zu 150 Mal am Tag überquert die Fähre den Rhein. Und weil sie nur 80 Zentimeter Tiefgang hat, ist sie auch beim heftigsten Hoch- oder Niedrigwasser zuverlässig unterwegs. Im Sommer fährt sie deutlich früher los und beendet die letzte Fahrt später als im Winter. Fährverkehr gibt es an dieser Stelle bereits seit über 500 Jahren.

Einige hundert Meter rheinauf- und rheinabwärts der Fähre lassen sich im Sommer gerne Sonnenhungrige nieder, die sich zwischendurch im Rheinwasser abkühlen wollen. Dabei sollte aber höchste Vorsicht geboten sein. Der Rhein ist für Zwei- und Vierbeiner ein tückisches Gewässer, das auch den besten Schwimmer überfordern kann. Die Strömungen und Verwirbelungen gerade in der Nähe der Buhnen können zur tödlichen Falle werden. Auch der Schiffsverkehr und die dadurch entstehenden Wellenbewegungen sollten nicht unterschätzt werden. Trotzdem: Die Rheinufer sind an den heißesten Tagen ein wunderbarer Quell der Erfrischung. Es sollte nur niemand tiefer als Hüfthöhe hinein gehen.

Die Rheinfähre zwischen Walsum und Orsoy fährt während des ganzen Jahres.

Hier fanden schon Welt- und Europameisterschaften statt. Die Wasserskianlage am Strandbad Wedau ist aber auch für Anfänger geeignet.

Schwimmen, Tauchen, Wasserski

Das öffentliche Schwimmbad mit der längsten Tradition ist das Strandbad an der Wedau. Hier, wo ab 1926 ein Strandbad für die Bürger eröffnete – wie es damals übrigens auch direkt am Rhein mehrere gab – hat sich allerdings einiges geändert. Der Betrieb wurde während der Jahre aufrechterhalten. Seit über 30 Jahren jedoch nicht mehr von der Stadt. Seitdem ist das einstige Strandbad, das noch immer unter diesem Namen fungiert, in privater Hand und wird von der Familie Sühs erfolgreich als Wasserski- und Wakeboardanlage betrieben. Welt- und Europameisterschaften fanden hier statt. Es kann zwar noch geschwommen werden, doch die meisten Besucher, die hierher kommen, wollen sich von Seilen übers Wasser ziehen lassen – oder anderen dabei zusehen.

In Rheinhausen lädt das ebenfalls privat betriebene Freibad Kruppsee zum Schwimmen ein. Auch dieser See entstand durch Auskiesung, das Freibad kommt heute gleichzeitig als Baggersee und Schwimmbad daher, denn es gibt auch ein separates 50-Meter-Becken.

Die öffentliche Hand unterhält immerhin noch einige (öffentliche) Schwimmbäder in der (fast noch) Halbmillionenstadt Duisburg. Die Zukunft von einigen ist ob der klammen

Stadtkasse jedoch arg bedroht. Vorzeigeprojekt im Norden ist das Rhein-Ruhr-Bad in Hamborn. Noch weiter nördlich liegt das Allwetterbad in Walsum, das man im Sommer „oben ohne“, also ohne Dach, genießen konnte, künftig wird das Dach aus Kostengründen stets geschlossen bleiben. Das Hallenbad Neudorf ist ein klassisches Bad ohne viel Schnickschnack, das Kombibad in Homberg bot bis 2012 überdachte und unüberdachte Becken, hier muss nun ein privater Verein zumindest den Innenbereich retten. Dann gibt es noch das Schwimmstadion, das aber Normalschwimmer, die nicht in einem Verein Mitglied sind und kein Leistungsschwimmen betreiben, nicht mehr von innen zu Gesicht bekommen.

Ohne das Engagement von Vereinen wäre die Schwimmlandschaft in Duisburg aber um einiges ärmer. So betreiben Schwimmvereine im Süden das Strandbad Wolfssee an der Sechs-Seen-Platte und am Großenbaumer See ein kleines, aber sehr ansprechendes Freibad. Auch ehemals öffentliche Bäder wie das Hallenbad Neuenkamp werden heute von Vereinen betrieben.

Wahrscheinlich werden in Zukunft weitere Schimmhallen und vor allem Freibäder privat betrieben. Wobei sich der Stadtrat auch 2012 entgegen mancher Erwartung gegen allzu harte Sparbeschlüsse entschieden hat. Eine mutige und richtige Entscheidung! Schwimmen ist eine der Grundfertigkeiten, die jeder Mensch beherrschen sollte.

Im Revierpark Mattlerbusch, an dem die Stadt zu 50 Prozent beteiligt ist, wartet die Niederrhein-Therme mit Solebecken, Wellenbad und großem Saunabereich auf. Einen sehr gut passenden neuen Zweck hat das im Jugendstil erbaute ehemalige Ruhrorter Hallenbad zugewiesen bekommen. Hier ist seit 1998 das Museum der Deutschen Binnenschifffahrt beheimatet.

Die Messungen am Pegel Ruhrort nehmen großen Einfluss auf die gesamte Rheinschifffahrt.

Duisburg, die Stadt der Flüsse

„Sensation“ ist ein großes Wort! Doch wer wollte Duisburgs Stadtdirektor Peter Greulich widersprechen, der einst feststellte, dass der Zusammenfluss von Rhein und Ruhr mitten in Duisburg eine handfeste „Sensation“ ist. Touristisch ist diese einzigartige Lage noch bei Weitem nicht ausreichend vermarktet. Schließlich treffen hier zwei Flüsse aufeinander, die ganzen (Groß-)Regionen ihren Namen geben. Der Rhein ist mehr als ein Fluss. Schon alleine weil er sogar ein Strom ist, also in ein offenes Meer mündet. Und dennoch hätte der französische Schriftsteller Victor Hugo mit seiner im 19. Jahrhundert aufgestellten These:

> *„Der Rhein ist der Fluss, von dem alle Welt redet und den niemand studiert, den alle Welt besucht und niemand kennt“,*

immer noch recht. Denn obwohl der Fluss in Deutschland und erst recht in Duisburg allgegenwärtig ist, das Wissen der allermeisten Menschen über diesen gewaltigen Fluss ist gering. So deckte erst ein fleißiger Wissenschaftler, der Kölner Bruno Kremer, im Jahre 2010 einen wohl vier Jahrzehnte alten Irrtum auf. Seine Berechnungen ergaben, dass der Rhein nicht wie überall, auch auf offiziellen Seiten, angegeben 1.320 Kilometer lang ist, sondern nur 1.230. Damit schrumpfte Väterchen Rhein plötzlich um stattliche 90 Kilometer. Deswegen an dieser Stelle einige (nützliche) Fakten zum Rhein in Duisburg und überhaupt:

Der Rhein ist eine hochfrequentierte Wasserstraße, wird aber auch als Wassersportfläche genutzt.

1. Angler ziehen schon seit Jahren immer weniger Aal, dafür aber (s. o.) immer mehr Tiere von fernen Kontinenten aus dem Wasser. Piranhas sind längst keine Seltenheit mehr. Der Grund: Durch den Klimawandel, vor allem aber durch die steigende Warmwassereinleitung der Industrie, ist die Temperatur im Rhein binnen weniger Jahre um vier Grad gestiegen.

2. Die Durchflussmenge des Rheins schwankt stark. Je nachdem ob der Wasserstand hoch oder niedrig ist, fließen durchschnittlich zwischen 500 und 12.000 Kubikmeter Wasser (das sind 12.200.000 Liter!) mit einer Geschwindigkeit von 0,5 bis drei Meter pro Sekunde Richtung Nordsee. In Starkhochwasserzeiten können es auch 15.000 Kubikmeter werden.

3. Generell ist Duisburg recht gut gegen Hochwasser geschützt. Doch ein Jahrhunderthochwasser wie 1926, als der Wasserstand zum einzigen Mal, seitdem gemessen wird, die 13-Meter-Marke überschritt, würde auch heute noch einigen Bürgern nasse Füße bescheren. Doch die Experten rechnen damit, dass es ein „Jahrhunderthochwasser" nur alle 300 Jahre gibt.

4. Der Rheinpegel wird insgesamt an über 30 Stellen regelmäßig und verlässlich gemessen, allerdings gelten drei Pegelmessstellen als besonders wichtig. Eine ist der Pegel Ruhrort, da hier festgelegt wird, wie tief ein Schiff beladen werden darf. Wenn die Binnenschiffe nicht voll beladen fahren können, verteuert sich die Fracht. Deshalb werden ab vorgeschriebenen Pegeln in Duisburg, Köln, Emmerich und Kaub sogenannte Kleinwasserzuschläge von den Frachtschifffahrtsunternehmen erhoben. In Ruhrort wird dieser ab 2,70 Meter für Häfen nördlich von Köln bis Duisburg fällig. Im Zehnjahresdurchschnitt liegt der Pegel Ruhrort bei 4,26 Metern.

5. Bedingt durch den Jahrhunderte währenden Bergbau lebt heute etwa jeder dritte Duisburger unterhalb des eigentlichen Wasserspiegels des Rheins. Diese sogenannten Poldergebiete werden durch die Deiche, die vom Deichgräf überwacht werden, sowie durch permanent laufende Wasserpumpen geschützt.

6. Der Rhein entspringt aus dem Tomasee im schweizerischen Graubünden auf über 2.300 Meter Höhe und mündet hinter Rotterdam in die Nordsee. Zuvor wird er jedoch zum Rhein-Maas-Delta. In den Niederlanden ändert sich außerdem der Name des Flusses von Rhein in Waal.

INSIDERTIPP Zum Rhein gehört natürlich auch ein Ausflugstipp. Diesen auszuwählen ist allerdings nicht so leicht. Es gibt so viele tolle Stellen an diesem Fluss. Wer dafür einen Biergarten bevorzugt wird in Homberg oder in Ruhrort auf beiden Uferseiten fündig. Wer keinen Trubel mag, muss sich nur etwas von den Brücken entfernen und findet viele ruhige Genießerplätze. Der wahrscheinlich einzige Platz, wo es dies alles und oben drauf noch Kühe zu sehen gibt, liegt aber im tiefen Süden der Stadt. Hier in Serm, wo der Pils-Äquator die Altbiermetropole Düsseldorf begrenzt, liegt das Ausflugslokal, das alleine schon wegen seines (inoffiziellen) Namens eine Empfehlung wert ist: Das „Aschlöchsken". Es heißt nicht etwa so, weil der Wirt ein unsympathischer Zeitgenosse ist. Der Name der idyllischen Gartenwirtschaft leitet sich davon ab, dass hier am Rhein, bei Stromkilometer 760, früher Kohle verladen wurde und dabei staubte die Asche. Besucher können sich ihre Sitzbank so aufstellen wie es ihnen gefällt und, direkt neben dem Rhein sitzend, die sehr nah vorbeiziehenden Binnenschiffe bestaunen. Das Aschlöchsken ist das perfekte Zwischenziel für eine Radtour oder eine sehr ausgiebige Wanderung – es liegt am südlichsten Zipfel der Stadt überhaupt.

7. Auf dem Rhein bei Duisburg sind Zugmaschinen für Schubleichter unterwegs, deren 6.000 PS starke Motoren gut 800 Liter Diesel verbrauchen – pro Stunde.

8. Der Rhein fließt auf insgesamt fast 38 Kilometern durch Duisburg, die Rheinreede, der Bereich wo Schiffe festmachen können, ist 25 Kilometer lang. Die Uferstrecke im Hafen ist dagegen sogar 41 Kilometer lang. 15 Kilometer verfügen über einen Gleisanschluss.

Der Zusammenfluss ist „Rheinorange" markiert

Der Rhein durchfließt die Stadt einmal komplett von Süd nach Nord und teilt auf 37,6 Kilometern die Stadt in die größere rechtsrheinische und deutlich kleinere linksrheinische Seite. An Rheinkilometer 780 markiert die 1992 in Neuenkamp errichtete Großskulptur „Rheinorange" die oben genannte touristische „Sensation". Hier fließt die kleine Ruhr nach 219 Kilometern mit einer großen Schleife etwas zögerlich in den großen Rhein … rein. Und nur zwischen Duisburg und dem Mülheimer Rhein-Ruhr-Hafen ist die Ruhr auch heute noch auf einer Länge von gut zwölf Kilometern schiffbar. Dabei war die Ruhr im 18. und 19. Jahrhundert eine wichtige, wenn nicht sogar die allerwichtigste Wasserstraße Deutschlands. Ihr großer Nachteil war aber schon damals, dass sie nur sieben Monate pro Jahr befahren werden konnte. 1850 wurden fast 45 Prozent der Kohleförderung im Kohlenpott über die Ruhr transportiert. Heute dient sie vorwiegend zur Trinkwasser- und Energiegewinnung und als wunderschönes Ausflugsziel, das an vielen Stellen verwunschene Flecken vor den Augen der Eiligen verbirgt.

Die Duisburger Rasenmäher halten die Rheinwiesen professionell kurz.

Oberhalb der Staustufe ist die Ruhr mit dem Rhein-Herne-Kanal verbunden, der den Rhein wiederum mit dem Dortmund-Ems-Kanal verbindet.

Das Kunstwerk Rheinorange wurde von dem Kölner Bildhauer Lutz Fritsch entworfen. Als Anlehnung an die Stadt Montan besteht es aus Stahl. Der orangene Klotz ist 25 Meter hoch, sieben Meter breit, einen Meter tief und wiegt 83 Tonnen. Das stolze Kunstwerk kostete bis zu seiner Einweihung

1992 400.000 D-Mark. Wer einmal davor gestanden und die Vereinigung der beiden Flüsse beobachtet hat, kann diesen Ort nur lieben. Die Farbe ist kein glücklicher Zufall, sondern ist bewusst aus dem Spektrum der RAL-Farben gewählt: Der Farbton RAL 2004 heißt: „Reinorange“. Ohne H.

Als dritter Fluss fließt die Emscher ein kleines Stück ihres 83 Kilometer langen Weges durch die Stadt. Viele Jahre mündete auch dieser kleine Fluss in Duisburg, bis 1949 zum wiederholten Male die Mündung verlegt wurde. Seitdem endet die Emscher im benachbarten Dinslaken. Die ursprüngliche Mündungsstrecke, die bis 1910 galt, ist jedoch erhalten. Als Alte Emscher fließt der Altarm auf fast acht Kilometern noch immer durch Hamborn und Meiderich. Sie führt allerdings nur Regenwasser. Die Mündungsstrecke bis 1949 heißt heute Kleine Emscher und fließt hinter Rheinkilometer 795 in den Rhein.

Die Landmarke Rheinorange markiert den Zusammenfluss von Rhein und Ruhr.

Und dann wären da noch die vielen Bäche, die durch das Stadtgebiet fließen. Angerbach oder Dickelsbach sind nur zwei Beispiele dafür, wie schön leise plätschernde Bachläufe sich ins Stadtbild einfügen können und damit idyllische Nischen dort schaffen, wo man es auf den ersten Blick nicht vermuten würde.

Die Stadt der Wasser(sport)vereine

Nicht nur am, sondern auch im Wasser macht Duisburg eine gute Figur. Duisburgs Wasserballer zählen seit Jahrzehnten zur internationalen Spitze. Einer der bekanntesten, Tobias Kreuzmann, ist übrigens mit der früheren Schwimm-Welt- und Europameisterin Hannah Stockbauer in Duisburg heimisch. Duisburg ist eine Wasserstadt und so ist Duisburgs größter Sportverein direkt nach dem MSV mit über 3.200 Mitgliedern der Amateur-Schwimm-Club ASCD, der damit einer der größten Schwimmvereine Deutschlands ist.

Der Innenhafen hat in den vergangenen 20 Jahren sein Gesicht gehörig verändert.

Duisburgs Innenhafen-Wandlung

Am Innenhafen tut sich immer etwas.

Wer jedoch Wasser am liebsten passiv genießt, dem sei ein Besuch von Duisburgs Wassermeile empfohlen. Zum Innenhafen kommt jeder Tourist. Und hierher kommen vor allem die Jungen, die Junggebliebenen und Flippigen abends und am Wochenende – nicht nur im Sommer. Tagsüber verkehren hier die Geschäftsleute und die Angestellten der vielen Firmen, die sich um den Innenhafen angesiedelt haben. Der 89 Hektar große Innenhafen ist „die" Wasserfläche in Duisburg, weil sich hier so vieles so schön miteinander verbinden lässt. Bis in die frühen 60er Jahre lag hier der zentrale Hafen- und Handelsplatz der Stadt. Noch schneller als der Innenhafen zur Zeit der industriellen Revolution zwischen 1860 und 1920 gewachsen war, verödete er damals. Zwei Jahrzehnte war hier, im ehemaligen Kornspeicher des Ruhrgebiets, einen Steinwurf von der Innenstadt entfernt, nichts außer unansehnlicher Brache.

Heute ist alles in und chic, und wie in jedem Szene- und Ausgehviertel einer deutschen Großstadt finden sich hier fast alle Filialen der modernen Restaurant- und Barketten. Auf die Geschichte des Innenhafens weisen diverse Infotafeln und der „Garten der Erinnerung", vor allem aber viele Bauten hin, die über Jahrzehnte und Jahrhunderte zu Sinnbildern der Stadt wurden. Der ehemalige Getreidespeicher Küppersmühle beherbergt heute ein bedeutendes Museum mit Kunstsammlung. Auf der Promenade liegen teilweise noch die alten Schienen und es steht ein alter Schwenkkran am Uferrand. Und auch das neue nordrhein-westfälische Landesarchiv, Deutschlands größtes Archivgebäude, das 2014 eröffnet werden soll, erinnert in seiner Bauart an einen der alten Speicher, wie sie hier früher zuhauf standen. Ein Teil des 78 Meter hohen Landesarchivs, die neue „städtebauliche Dominante" wie es der Bauherr formulierte, das rund 150 Regalkilometer bietet, ist übrigens tatsächlich in einem alten Speicher untergebracht.

Eine Flaniermeile am Wasser.

Eine Regatta fürs Guinessbuch

Die größte Faszination dieses neuen Stadtquartiers geht jedoch ganz eindeutig vom Wasser aus. Dabei ist dieses Wasser im Innenhafen nicht sonderlich spektakulär, die Fließbewegungen sind kaum auszumachen. Doch ein Feierabendbier auf dem Ponton schmeckt einfach besser als im Hinterhof. Hier auf diesem ruhigen, beruhigenden und dennoch anregenden Wasser findet seit 2000 alljährlich die Drachenboot-Fun-Regatta der Duisburger Kanu-Gilde statt. Laut Guinnessbuch der Rekorde gibt es weltweit kein vergleichbares Wasserspektakel, an dem mehr Menschen teilnehmen. Mehr als 3.500 Starter in 170 Teams sind im Buch der Rekorde verbrieft. Ein Training auf der Sechs-Seen-Platte für das große Rennen an einem kühlen Samstagmorgen im beginnenden

Zwei Beispiele der modernen Wasserfront: Das Hitachi Power Office (links) und das Bürogebäude Five Boats (rechts).

Sommer ist eines dieser Dinge, die Duisburg für jemanden, der aktiv am Leben teilnimmt, so unfassbar schön machen. Am Wettkampftag strömen dann außerdem zehntausende Besucher an das Becken des Innenhafens. Volksfest am Wasser. Die Welt ist in Duisburg manchmal fast perfekt.

Am heutigen Innenhafen lag früher das Flussbett des Rheins, ehe sich dieses vor rund 1.000 Jahren ziemlich plötzlich so verlagerte, dass die vom Fluss geprägte und aufstrebende Stadt Duisburg keinen direkten Zugang mehr zum Fluss hatte. Über einen Rheinarm, der schiffbar blieb, konnten jedoch weiter Waren über Duisburg transportiert werden. Später verlandete auch dieser Bereich und die Stadt wurde über Jahrhunderte nicht mehr vom Handel, sondern von Ackerbau und Viehwirtschaft geprägte (s. Kapitel 3).

Es dauerte bis ins 19. Jahrhundert, ehe der Außenhafen künstlich angelegt wurde und die Stadt damit wieder ans Wasser heran rückte. Es folgte der Bau des Innenhafens. Beide Hafenbereiche sind noch heute durch die unter Denkmalschutz stehende Marientorbrücke getrennt. Das Sperrtor hier ist bis heute funktionstüchtig und wird zugefahren, wenn der Wasserstand am Pegel Ruhrort 8,60 Meter überschreitet. Der neue

Innenhafen war besonders wichtig für den Holzhandel, wovon noch heute der Holzhafen zeugt. Mit der Zeit verlor die Holzindustrie an Bedeutung und die Getreidemühlen mit ihren riesigen Speichergebäuden dominierten seitdem die Kulisse der Stadt und werden heute durch die architektonisch modernen neuen Gebäude entlang des Innenhafenbeckens ergänzt. Die letzte große Baulücke besteht noch am Holzhafen. Hier soll das „Eurogate“ entstehen. Ein sichelartig geschwungenes Mammutgebäude mit bis zu zehn Geschossen und einer Nutzfläche von rund 35.000 Quadratmetern. Dass so viel permanente Entwicklung Wunden riss, liegt auf der Hand. So trauerten tausende Duisburger 1994, als ein ehemaliger Silospeicher gesprengt wurde. Neben der Fläche der überdimensionalen Milchtüte „Mr. Softy“ steht heute das Museum „Küppersmühle“. Mit der Sprengung begann die Wiederbelebung des Innenhafens. Also hat sich dieses Opfer gelohnt. Wenngleich die frei gesprengte Fläche bislang über ihre Bedeutung als Parkplatz oder Brache nicht hinaus kam.

Schon seit den 80er Jahren gab es ernste Bemühungen, den heruntergekommenen Innenhafen wieder zu verschönern und ins städtische Leben einzubinden. Das Glück kam aber erst in den 90er Jahren mit der „Internationalen Bauausstellung Emscher Park“ (IBA) des Landes NRW in die Stadt zurück. Die Wiederbelebung des Innenhafens war eines der Projekte des 2,5 Milliarden Euro schweren Zukunftsprogramms, das den Strukturwandel beschleunigte. Dank der IBA und des ambitionierten, in weiten Teilen umgesetzten Masterplans Innenhafen von Sir Norman Foster, ist das heutige Innenhafenviertel ein Schmuckstück. Hier finden Sie eine der teuersten Wohnlagen Duisburgs.

NORMAN FOSTER Der 1935 als Arbeitersohn in Manchester geborene Norman Robert Foster studierte an der University of Manchester und erhielt 1961 ein Yale-Stipendium. In Deutschland bekannt wurde er mit der Neugestaltung des Reichstags in Berlin. Er sorgte dafür, dass das Parlamentsgebäude mit viel Glas und Stahl umgebaut wurde. Die Idee, die berühmte Glaskuppel aufzusetzen fand er aber gar nicht gut. Doch die Parlamentarier waren dafür umso angetaner. Sie beschlossen, den Entwurf aus dem Vorschlag eines anderen Architekten heraus zu kaufen. Mit Erfolg. In Duisburg genießt Foster, der 1990 von Queen Elizabeth II. zum Ritter erhoben wurde, dennoch den Ruf eines Architekten, dem man nicht widerspricht. Seinem Innenhafen-Masterplan ab 1991 folgte 2007 der mehrere 100 Millionen Euro schwere Masterplan Innenstadt, der auf Jahrzehnte angelegt ist und seitdem verfolgt wird.

Auf dem Gelände der ehemaligen Tabakfabrik Böninger entstanden rund 500 hochwertige Wohnungen mit großen von außen nicht begehbaren grünen Innenhöfen und mit Blick auf die neuen Verbindungswege zwischen Innenhafen und Innenstadt: Duisburgs erste Grachten heißen Speichergracht, Hansegracht und Holzgracht. Der Traum vom Wohnen auf dem Wasser wartet dagegen noch auf seine Verwirklichung. Es gibt zig Pläne in Duisburg Hausboote als feste Wohnplätze zu verankern. Noch hat sich keiner auf Dauer durchgesetzt.

Zum Innenhafen, der durch den Portsmouth-Damm in einen westlichen und den vom Pegelstand unabhängigen östlichen Bereich geteilt wird, gehört ein Yachthafen. Von hier sind es nur wenige Gehminuten in die Innenstadt. Ab der Marina können alle wichtigen Flüsse und Kanäle angesteuert werden. Der Yachthafen im Innenhafen ist somit von überall auf der Welt erreichbar. Insgesamt stehen 133 Dauerliegeplätze zur Verfügung und bieten nicht nur durchreisenden Sportboot-Kapitänen einen reizvollen Zwischenaufenthalt. Bootsurlaub im Ruhrgebiet erfreut sich zunehmend größerer Beliebtheit. Die Einfahrt über den Außenhafen und dann in den Innenhafen liegt bei Rheinkilometer 776.

Extra für die Schiffe geschaffen wurde eine weltweit einmalige Konstruktion. Damit auch Segelmasten und größere Schiffe die Marina ansteuern können, gibt es hier die einzige buckelfähige Stahlbrücke der Welt zu bestaunen. Die von Bauingenieur Jörg Schlaich entwickelte „Buckelbrücke“ ist gerade einmal 79 Meter lang – und damit fast nur ein Zehntel so lang, wie Duisburgs längste und wohl auch berühmteste Brücke: die „Brücke der Solidarität“. Im flachen Zustand liegt die 3,50 Meter breite Buckelbrücke nur gut einen Meter über dem Normalwasserstand. Durch eine Zugvorrichtung kann sich die 150 Tonnen schwere Brücke jedoch erheben, sodass ihr Scheitelpunkt dann mehr als zehn Meter über der Wasseroberfläche liegt. Ein Blickfang für Landratten und Bootsführer. Doch gerade in Sachen Brücken gibt es in Duisburg noch viel mehr zu sehen.

Fast 70.000 Autos rollen pro Tag über die Rheinbrücke der A 42, die im Volksmund Emscherschnellweg genannt wird.

Duisburg, die Stadt der Brücken und Seen

Hubbrücken wie es sie deutschlandweit in (nur noch) sechs Städten gibt, hat Duisburg gleich zwei. Die bekannteste, die Schwanentorbrücke, überquert den Innenhafen und verbindet die Innenstadt mit Kaßlerfeld. Von hier wird auch die Technik der Buckelbrücke (s. o.) gesteuert. Die andere führt über den Rheinpreußen-Hafen in Homberg und ist seit mehreren Jahren für den Kraftfahrverkehr gesperrt.

Bötchen fahren kann man aber nicht nur an der Marina. Rund 20 öffentliche Seen gibt es auf Duisburger Stadtgebiet. Ehe wir uns weg von den Flüssen, hin zu den Seen wenden muss an dieser Stelle aber unbedingt noch etwas zu den vielen, vielen Brükken erzählt werden. Rund 100 von ihnen wurden im Zweiten Weltkrieg zerstört. Darunter sämtliche Verbindungswege über den Rhein. Zum einen, weil sie im Krieg natürlich strategisch von immenser Bedeutung waren – zumindest die südlichste Brücke ließ den Alliierten aber auch keine andere Wahl. Schließlich hieß die erst 1936 eingeweihte Uerdinger Brücke zwischen Krefeld und Mündelheim damals noch „Adolf-Hitler-Brükke“. Längst wurden die Rheinbrücken wieder aufgebaut. Die Brückendichte am breiten und oft von Hochwasser heimgesuchten Rhein gilt generell dennoch als relativ gering. Sechs Rheinbrücken, darunter zwei Eisenbahnbrücken, gibt es heute in Duisburg. Unter anderem auch die beiden Autobahnbrücken über A 40 und A 42.

Erstaunliche Brückenbauten

Duisburgs Brücken bieten allerhand Kurioses, Wissenswertes und Erstaunliches. So ist etwa die Brücke der Solidarität mit insgesamt 756 Metern die Brücke mit der längsten

Schon ab 1907 stand hier die Admiral-Scheer-Brücke – sie wurde im Zweiten Weltkrieg zerstört.

Stützweite (laienhaft gesagt die Strecke, die die am kürzesten voneinander entfernten Brückenpfeiler beschreibt) in Deutschland. Die Rheinhauser-Hochfelder Eisenbahnbrücke ist mit 189 Metern, sortiert nach Stützweite, die deutschlandweit sechstlängste Eisenbahnbrücke und die längste Fachwerkbrücke über den Rhein überhaupt. Bereits auf Platz zwei folgt die nur drei Meter kürzere Haus-Knipp-Eisenbahnbrücke zwischen Beeckerwerth und Baerl.

Die Friedrich-Ebert-Brücke zwischen Ruhrort und Homberg wiederum ist die fünftgrößte Hängebrücke des Landes. Über die Brücken gibt es viel mehr zu erzählen, was an der einen oder anderen Stelle auch noch geschehen soll. Fest steht allerdings, dass ihre hohe Anzahl das Stadtbild zwar oftmals sehr attraktiv macht, die Stadtkasse aber eher belastet. Denn die allermeisten Brücken sind Jahrzehnte alt, viele müssen in absehbarer Zeit saniert werden. So bereitete der Karl-Lehr-Brückenzug zwischen Kaßlerfeld und Ruhrort dem Kämmerer viele Jahre Kopfschmerzen, weil die wichtige Verbindung zur Innenstadt marode war, aber das Geld für die Sanierung fehlte. Dieses Problem konnte inzwischen gelöst werden. Der vierteilige, 1,6 Kilometer lange Brückenzug besteht zum Teil aus Überbleibseln der alten Hohenzollernbrücke in Köln und wurde nicht nur durch den Autoverkehr stark belastet. Mancher Kapitän hat im Laufe der Jahre den Wasserstand falsch eingeschätzt, sodass ein Teil der Brücke bis zur Sanierung deutliche „Kampfspuren“ nach Berührungen mit durchfahrenden Schiffen aufwies. An anderer Stelle wurden und werden Brücken aus Kostengründen einfach für den Autoverkehr gesperrt. Dabei kam die Stadt an viele Brücken wie die Jungfrau zum Kinde. Mit der Privatisierung der Bahn wurde sie in den 1990er Jahren plötzlich für zahlreiche Brückenbauten verantwortlich, um die sich vorher der Bund gekümmert hatte.

Nun aber zu den Seen: Auf mehreren kann gesegelt werden. Am Rahmer See ist sogar seit weit über 30 Jahren ein Windsurf-Club zu Hause. Hier hat auch die Modellbootszene Duisburgs eines ihrer Hauptquartiere – denn Modellboote und ihre Bastler haben in Duisburg lange Tradition. Seit Jahren finden internationale Modelboot-Wettkämpfe auf der altehrwürdigen Regattabahn statt – doch diese wird gleich noch ausgiebig vorgestellt. Gesurft wird aber auch auf dem Masurensee und an anderen Stellen. Vor allem wird aber stadtweit der Lust am (größeren) Boot gefrönt. Ingesamt gibt es acht Segelclubs in der Stadt. Die jährlich stattfindenden „Duisburger Segeltage“ sollen dieses Hobby einer noch größeren Personenzahl nahe bringen. Gesegelt wird unter anderem auf der Sechs-Seen-Platte oder dem 65 Hektar großen und bis zu 14 Meter tiefen Lohheider See. Mit 45 Hektar ist dagegen der Reitwegsee gleich neben dem Lohheider See gelegen vor allem ein Angel- und Taucherparadies.

Rudern und Paddeln auf der Regattabahn

Nicht gesegelt, sondern gepaddelt und gerudert wird dagegen vor allem auf der Regattabahn und auf den Kanälen. Heute haben sich die Sportler in zig Ruder- und Kanuvereinen zusammengeschlossen. Die bekannteste Strecke und beliebt bei allen Anhängern dieses Sports ist dabei sicherlich die 1935 eröffnete Regattabahn.

Die Regattabahn ist eine Wettkampfstrecke von internationalem Format.

16 Jahre wurde an der rund 2,2 Kilometer langen, 120 Meter breiten und bis zu zehn Meter tiefen Wettkampfstrecke für den Kanu- und Rudersport gearbeitet, bis sie schließlich freigegen wurde. Ursprünglich war sie ein Baggersee, wurde dann aber zur Regattastrecke umgebaut. Bereits 1936 fanden hier im südlichsten Zipfel des Stadtteils Neudorf die Kanu-Europameisterschaften statt. Dieser ersten Sportveranstaltung

von überregionaler Bedeutung sollten viele folgen. Allerdings nach langer Pause. Erst nachdem Anfang der 1970er Jahre der neu angelegte Windschutzdamm die Strecke sportlich aufgewertet hatte fanden 1979 die Kanu-Weltmeisterschaften statt. Jetzt war die Strecke noch schneller und erfüllt höchste internationale Ansprüche.

Für die WM 1979 wurde die Anlage im Zielbereich neu gestaltet. Das ehemalige Regattahaus auf der Ostseite der Bahn, wurde zum Bundes- und Landesleistungszentrum für den Kanurennsport umgebaut. An die Stelle des alten Zielturms traten fünf neue Bootshallen. Heute steht der Zielturm auf der Westseite der Bahn und ist Teil der Tribüne. In den vier Etagen des Turmes ist ausreichend Platz für die Organisation großer Regatten. Die Tribüne bietet Sitzplätze für fast 2.500 Zuschauer, 580 Plätze sind überdacht. Der Pressearbeitsraum und die Restauration sind gleich daneben. Weitere 8.000 Zuschauer können die Regatten von den Stehplätzen vor der Tribüne und vom anschließenden Windschutzdamm aus verfolgen.

Radtour rund um die Regattabahn.

Die für Duisburg als Sport- und Freizeitstadt so wichtige Regattabahn und den Sportpark verdankt die Stadt der Familie Krupp. Hieran erinnern auch heute noch Krupp- und Friedrich-Alfred-Straße sowie der Alfrediplatz. Nach Friedrich Klönne, einem Krupp-Vorstand, ist die Klönne-Wiese vor dem Bertasee benannt. 1919, im selben Jahr begannen die Vorbereitungsarbeiten für die Regattabahn, hatte die Firma Krupp ein 100 Hektar großes Waldgelände, auf dem durch Auskiesung über Jahrzehnte drei Seen entstanden waren, der Stadt Duisburg für 30 Jahre zu einem symbolischen Mietzins zur Verfügung gestellt. Noch ehe das gesamte Areal, für das Krupp keinen wirtschaftlichen Nutzen mehr sah, 1931 ganz in den Besitz der Stadt überging, wurden die drei Seen zu Ehren der Krupp-Frauen getauft. Zwei erhielten die Namen der Krupp-Töchter Berta und Barbara, der Margaretensee ist nach der Ehefrau von Friedrich Alfred Krupp benannt. Wie mit Krupp vereinbart, entstanden so ein Strandbad (s. o.) und das Wedaustadion. Und eben die Regattabahn.

Der Parallelkanal – über den hier ein grünes Netz des öffentlichen Klettergartens führt – war während seines Baus äußerst umstritten.

Geburtsort deutscher Drachenbootrennen

Berühmt wurde diese endgültig aber erst mit der WM 1979 – und mit ihr die spätere Ausnahmekanutin Birgit Fischer, die hier ihren ersten von unglaublichen 27 WM-Titeln holte. Über 10.000 Zuschauer kamen jeweils zu den Kanu-Weltmeisterschaften in den Jahren 1987 und 1995, ebenso wie zu den Ruder-Weltmeisterschaften 1983. Im Rahmenprogramm 1987 fand das allererste Drachenbootrennen in Deutschland überhaupt statt. Seitdem entwickelte sich das Paddeln in den langen Mannschaftsbooten zu einem Trendsport. 1989 fanden auf der Regattabahn die Ruder-Wettbewerbe der Sommer-Universiade statt, 2001 die Ruder-Weltmeisterschaften der Junioren und 2005 die Wasserwettbewerbe im Rahmen der World-Games. Die Kanu-Weltmeisterschaft 2007 war die größte Kanu-WM aller Zeiten.

Ein gigantisches Spektakel auch die nach Meldezahlen gößte Regatta des Weltruderverbandes FISA. Die Altersklassen-Weltmeisterschaft im September 2012 wurde ebenso wie die WM 2007 nur möglich, weil die Regattabahn in den vergangenen Jahren erneut kräftig aufgewertet wurde.

Olaf Heukrodt, Präsident des Deutschen Kanu-Verbands, lobte nach der WM 2007 die enorme Medienpräsenz während der WM. Noch nie seien bei einer Kanu-Weltmeisterschaft so viele Medienvertreter akkreditiert gewesen. Darüber hinaus profitierte der Sport von der TV-Präsenz in den öffentlich-rechtlichen Fernsehanstalten. Heukrodt schwärmte von der Qualität der Aufnahmen: „So wie in Duisburg haben wir Kanu noch nie im Fernsehen gesehen." Tatsächlich war die Kanu-WM 2007 mit 1.400 Athleten aus 90 Ländern die bis dato erfolgreichste WM aller Zeiten. Die Regattastrecke war an den Finaltagen komplett ausverkauft. Über 17.000 Zuschauer sorgten dafür, dass das Deutsche Team eine echte Heimspielatmosphäre genießen konnte und sich so auch wacker schlug.

Gleichwohl wusste Heukrodt genau, was er da sagte. Denn die TV-Aufnahmen waren nur dank des Parallelkanals möglich geworden. Dieser wurde, um die Regattabahn auf lange Sicht konkurrenzfähig zu halten, ab 2005 geplant und gebaut. Dabei hatte der DKV-Präsident, der mit seinem Verband in Duisburg sitzt, die teilweise hitzige Debatte um den Bau aus nächster Nähe mitbekommen. Denn der Parallelkanal wurde mit 18 Millionen Euro nicht nur gleich vier Millionen Euro teurer, als veranschlagt. Das Roden einer 6,6 Hektar großen Waldfläche mit Jahrzehnte alten Bäumen war über Monate ein Politikum. Schließlich wurde eine Ausgleichspflanzung in Baerl vereinbart.

Mit dem Parallelkanal entstand auch der Wasserspielplatz, der sich vor allem bei schönem Wetter großer Beliebtheit erfreut.

Die Wasserwelt Wedau bietet Spaß für Jung und Alt.

Die Stadtspitze wertete den Parallelkanal und die gleichzeitig entstandene Wasserwelt Wedau jedoch später „als einen Riesenerfolg". Diese Einschätzung beruhte wohl vor allem darauf, dass mit der Anlage der Sportpark Duisburg insgesamt aufgewertet und dem Tourismus neue Möglichkeiten erschlossen wurden. Letztlich entstand mit dem Parallelkanal ein Stichkanal, der es ermöglicht, dass die Wettkämpfer parallel zur Wettkampfstrecke (zum Startbereich) zurückfahren, sowie eine TV-Kamerastrecke. Auch wenn es nach der Fertigstellung gleich mehrere Enttäuschungen gab und große Turniere in andere Länder vergeben wurden, ist mit dem Parallelkanal ein erweitertes Freizeit- und Naherholungsgebiet entstanden, das die Duisburger lieben und in dem jeder auf seine Kosten kommt.

Die Stadt vermarktet den Namen Erlebniskanal und bietet Freizeitsportlern vom Einer-Kajak bis zum Drachenboot die Gelegenheit zu rudern und zu paddeln. Die FISA Masters World Regatta ist die Chance, die Traditionsstrecke in den Köpfen der Funktionäre zu bewahren, auf dass bald weitere Großveranstaltungen nach Duisburg kommen.

LEGOLAND
Discovery Centre
LEGOLAND
Discovery Centre
LEGOLAND
Discovery Centre
LEGO

2. KAPITEL

DU, DIE ARBEITER-, INDUSTRIE- UND BILDUNGSSTADT

Die Stadt Montan hat sich gewandelt, aber Duisburg ist Stahlstadt geblieben und entwickelte sich im 21. Jahrhundert zur Logistikdrehscheibe und zum gefragten Bürostandort. Die legendäre Unternehmerfamilie Haniel stammt aus Duisburg. Der Weltkonzern Thyssen-Krupp ist hier mit dem größten Stahlwerk Europas einer der größten Arbeitgeber. Und am Campus Duisburg ist eine moderne Wissensstadt entstanden, in der sich Zentren für Nano-Energie- und Brennstoffzellentechnik sowie das Fraunhofer-Institut angesiedelt haben.

Wasser, um doch noch einen kurzen Moment beim Thema zu bleiben, war und ist für Duisburg der wichtigste Faktor quer durch alle Epochen geblieben. Der rasante Aufschwung zur Handelsstadt wäre ohne die Lage an Rhein und Ruhr unvorstellbar gewesen und wer weiß, wo Duisburg heute stände, hätte die Laune der Natur die Stadt nicht damals vom Rhein abgeschnitten: Die Wasserwege wurden spätestens mit der Industrialisierung wieder so wertvoll wie Gold oder andere Bodenschätze.

Duisburg, die Arbeiter- und Industriestadt

Heute ist Duisburg kaum mehr nur eine reine Industriestadt. Sie ist viel mehr. Nimmt man es genau, so ist sie eigentlich auch nie richtige Industriestadt gewesen. Gilt als klassische Industriestadt doch nur jene Siedlung, die im Laufe der Industrialisierung, also ab der zweiten Hälfte des 19. Jahrhunderts, sich überhaupt erst zur Stadt aufschwang. Als klassische deutsche Industriestädte galten schon vor dieser Zeit beispielsweise Wuppertal, bzw. Barmen, und Chemnitz. Die Geschichte Duisburgs wurde und wird vom Handel geprägt und erlebte eine Hochphase der industriellen Produktion. Seit vielen Jahren entwickelt sich die Stadt in ganz unterschiedliche Richtungen.

Das hat viel mit dem häufig zitierten Strukturwandel zu tun. Duisburg hat jedoch schon vorausschauend vor Jahrzehnten die Weichen umgestellt. So setzte die Stadt früh auf die erfolgreiche Logistik und baut seit Jahren den Anteil der Büroflächen konsequent aus. Nach wie vor ist der Standort Duisburg bei Unternehmen, die neue Büros suchen, gefragt.

Die König-Brauerei war einst Deutschlands größte Privatbrauerei.

Beim Stahlabstich wird es so heiß, dass die Luft fast brennt.

Hier arbeiten die Duisburger

Trotzdem: Von heute rund 155.000 sozialversicherungspflichtig beschäftigten Arbeitnehmern sind in Duisburg alleine bei Thyssen-Krupp-Steel Europe noch 14.600 beschäftigt, mehr als 9,4 Prozent. Bei den Hüttenwerken Krupp Mannesmann und Arcelor Mittal sind zusammen gerechnet weitere 4.200 Menschen in Lohn und Brot.

Diese drei Unternehmen machen Duisburg zum mit Abstand wichtigsten Stahlstandort Europas und nach Shanghai zum zweitwichtigsten der Welt. Die Stadt Montan ist noch immer ein Schwergewicht. Auch wenn sie es in einer traditionell strukturschwachen Region und erst recht als eine Stadt, die bei den Arbeitslosenzahlen häufig die rote Laterne tragen muss, nicht leicht hat. Viele Unternehmen vertrauen auf Duisburg und sehen hier gute Chancen für eine positive Entwicklung. Das muss in den Köpfen der Bürger präsent sein. Es gibt nicht viele Städte in der Region, in denen sich in vergleichbarer Zahl weltweit operierende Unternehmen langfristig angesiedelt haben. Diese Unternehmen schaffen vor Ort Arbeitsplätze, sie zahlen Steuern und sie betätigen sich häufig in großem Umfang sozial und karitativ.

Dass das so ist, ist zum einen der Strahlkraft des Hafens zu verdanken. Aber eben auch dem gezielten Suchen und Finden neuer Möglichkeiten, bei Beibehaltung der traditionellen Industriefelder.

Setzen wir also erst einmal die Reihe der großen Unternehmen, die sich in Duisburg wohl fühlen in beliebiger Reihenfolge fort: Siemens, Hitachi, Alltours, Schauinslandreisen, DB Schenker Rail, Spaeter, Targobank, IFA Hotel und Touristik, PV Automotive um nur einige zu nennen. Sie alle sind Großunternehmen, die in Duisburg in den vergangenen Jahrzehnten jede Menge Jobs geschaffen haben.

Ein Spaziergang vorbei an einigen der größten Unternehmen in Duisburg.

Hinzu kommen die Unternehmen, die seit Jahr und Tag zu Duisburg gehören. So wie eben Thyssen-Krupp, Haniel, Lehnkering, Sachtleben, Mannesmann, Klöckner, König Pilsener, Hövelmann, Krohne Messtechnik und andere. Viele Jobs schafft auch die öffentliche Hand in Duisburg, die Stadt ist der zweitgrößte Arbeitgeber und beschäftigt alleine in der Kernverwaltung mehr als 3.700 Mitarbeiter. Weitere 4.500 Mitarbeiter zählt die Duisburger Versorgungs- und Verkehrsgesellschaft, zu der unter anderem die Stadtwerke, die Duisburger Verkehrsbetriebe und Octeo Multiservice gehören. Die Wirtschaftsbetriebe zeichnen mit 1.400 Mitarbeitern für die Abfall- und Wertstoffsammlung, die Grün- und Spielflächen sowie die Verkehrsinfrastruktur verantwortlich. Das Klinikum Duisburg, an dem die Stadt noch immer 51 Prozent der Gesellschaftsanteile hält, hat über 1.400 Mitarbeiter. Damit ist es jedoch, knapp vor dem Katholischen Klinikum, nur das zweitgrößte Krankenhaus der Stadt. Mit 1.700 Angestellten noch etwas größer ist das Evangelische und Johanniter Klinikum.

Ein Wirtschaftsfaktor sind auch die Wohlfahrtsverbände. Bei Caritas, Diakonie, Rotem Kreuz, Arbeiterwohlfahrt und Paritätischem sind in Duisburg gut 4.500 Menschen beschäftigt. Alleine bei der Awo sind über 700 Mitarbeiter tätig.

Stahl aus Duisburg wird überall auf der Welt gebraucht.

Einen riesigen Anteil an der Arbeitnehmerschaft haben natürlich auch die zahlreichen Logistikunternehmen. Alleine im Bereich des Hafens gibt es 300 Firmen, die sich mit dem nationalen und internationalen Warenverkehr beschäftigen. Vieles sind mittelständische Unternehmen, doch in der Summe beschäftigen sie viele tausend Arbeitnehmer. Stetig wachsend ist, wie überall in der westlichen Welt, dabei der sogenannte tertiäre Sektor. Dienstleistungen werden immer wichtiger und immer neue Dienstleister lassen sich in Duisburg nieder.

Manche Neuentwicklung kommt dabei bei den Bürgern verständlicher Weise besser an als andere. Wenn der Halbleiterhersteller Infineon auf der grünen Wiese im südlichen Stadtbezirk ein Entwicklungscenter neu errichtet – und sich dabei sogar bei der Fassadengestaltung außerordentliche Mühe gibt – erfreut das den Duisburger naturgemäß wesentlich stärker, als wenn Evonik direkt neben das Naturschutzgebiet Rheinaue Walsum einen neuen Block gigantischen Ausmaßes für sein Kohlekraftwerk baut. Der Kühlturm misst über 180 Meter. Dass beide Projekte für die Stadt und damit ihre Menschen wichtig und fingerzeigend sind, ist aber unbestritten. Ohne die Industrie ist Duisburg nicht zukunftsfähig.

Vor 100 Jahren war Duisburg eine reiche Stadt

Wobei Menschen, die aus dem Ruhrgebiet kommen, nicht selten zu einer Hassliebe mit den Industriebauten neigen. Wenn sich zum Beispiel die Sommerferien in der sagen wir mal Provence dem Ende entgegen neigen, die Rückfahrt fast überstanden ist und nur noch wenige Kilometer auf der A3 vor einem liegen ... Wenn sich dann am Horizont langsam die ersten Schlote zeigen und die blinkenden Lichter der Kamine schließlich immer näher kommen, und sich bei der Einfahrt in die Stadt die wohlvertrauten Giganten in den Himmel heben ... Dann ist man zu Hause!

Dieses Gesicht darf und wird Duisburg nicht verlieren. Es ist ja auch nur eines von vielen. Dass sich Firmen in der Stadt ansiedeln ist positiv. Und nur damit sind eine allen Bürgern wohltuende Entwicklung und der Erhalt von Liebgewonnenem möglich.

Im Duisburger Stadttheater gibt es Opern-, Theater- und Ballettaufführungen.

So sollen etwa die Duisburger Philharmoniker und die Deutsche Oper am Rhein schon entscheidend dazu beigetragen haben, dass sich wichtige Entscheider der Wirtschaft aus vorausschauendem Kalkül für Duisburg und nicht für eine andere Stadt entschieden. Kluge Manager suchen nach Anreizen für ihre Mitarbeiter. Und Hochkultur vor der Haustür ist immer eine produktive Perspektive.

Ob man es sich vorstellen mag oder nicht. Duisburg war zu Beginn des 20. Jahrhunderts über Jahrzehnte eine der reichsten Städte Deutschlands. Eine der auf den ersten Blick attraktivsten Städte des Landes ist sie sicher nie gewesen. Aber eben doch eine Stadt, die Überraschungen bietet und deren Traum, an diese goldenen Zeiten anzuknüpfen, nicht vergeblich sein muss. Das beweist die fast unglaubliche (städtebauliche) Entwicklung in einigen Bereichen in den vergangenen 20 Jahren.

Viele Stadtteile werden durch das Bild der Stahlwerksgebäude geprägt.

Die Stahlindustrie ist heute nicht mehr ganz so stark wie früher. In den 1950er Jahren schwärmten ganze Stadtteile von der „guten Mutter Mannesmann“ und Arbeiter wohnten glücklich in Gartenstädten wie der seit 1999 unter Denkmalschutz stehenden Margarethensiedlung in Rheinhausen (benannt nach Krupptochter Margarethe). Diese Veränderung setzte Ende der 1960er Jahre ein und zeichnete sich Mitte der 1980er Jahre immer deutlicher ab, als sich die Stahlkrise weiter verschärfte. 1987 schließlich mündete diese Krise in einem einzigartigen Protest der Stahlarbeiter gegen die Schließung des Krupp-Werkes in Rheinhausen. Der Widerstand erstreckte sich über den kompletten Winter 1987/1988, wurde über Monate Bestandteil der bundesweiten Nachrichtensendungen und ging als größter, als wichtigster Arbeitskampf überhaupt in die Annalen der Bundesrepublik ein. Dennoch blieb er erfolglos, da das Krupp-Werk 1993 endgültig seine Pforten schloss. 5.300 Stahlarbeiter verloren ihren Job.

Spuren des Arbeiterprotests

Spuren dieses Arbeiterprotests zeichnen die Stadt heute noch. Die Rheinbrücke zwischen Rheinhausen und Hochfeld wurde am 20. Januar 1988 von rund 50.000 Stahlarbeitern aus über 60 deutschen Hüttenwerken besetzt. Einem historischen Tag folgte eine historische Nacht: Krupp-Lehrlinge fertigten das Namensschild und ab dann wurde diese Brücke zur „Brücke der Solidarität“. Kurz darauf erkannte die Stadt Duisburg diesen Namen offiziell an.

Der Blick auf die Stahlwerksanlagen gehört zur Stadt.

Heute steht auf dem Gelände des Rheinhauser Krupp-Werkes die trimodale Logistikdrehscheibe Logport. Was vor allem in Erinnerung bleibt ist der Zusammenschluss der Arbeiter und der Bürger. Die Namen des verantwortlichen Krupp-Managers Gerhard Cromme und des Arbeiters Helmut Laakmann, der vor 10.000 Zuhörern eine mitreißende Rede hielt, sind seitdem untrennbar miteinander verwoben.

Duisburg blieb aber auch nach der Schließung des Rheinhausener Werks weitgehend monostrukturell geprägt. Es wurde weiter Stahl gekocht, es wurde Kohle gefördert, doch andere bedeutende Industriezweige gab es nicht. Die Stadt legte deswegen in den 1990er Jahren das kurzfristige Handlungsprogramm „Duisburg 2000“ auf, um Perspektiven für eine neue wirtschaftliche Entwicklung aufzuzeigen. „Darauf basierend entwickelte sich Duisburg von der Stadt Montan zu einem Logistikstandort von internationaler Bedeutung“, erklärte die damalige Oberbürgermeisterin Bärbel Zieling.

Duisburgs letzte Zeche schloss im Juni 2008 in Walsum. Grotesk, weil wenige hundert Meter neben dem Walsumer Bergwerk der Block 10 des Steinkohlekraftwerks gebaut wurde. Betrieben werden soll es mit in China geförderter Kohle. Noch qualmt der Steag-Kühlturm jedoch wegen mangelhafter Schweißnähte nicht. Mit der Stilllegung der Walsumer Zeche endete die Ära Duisburgs als Bergarbeiterstadt nach gut 150 Jahren. Und noch einmal grotesk, da die heimische Steinkohle viel fetter ist und deshalb

MONTANINDUSTRIE Duisburg ist nicht mehr „die“, aber eine Stadt Montan. Dazu muss man wissen, was damit überhaupt gemeint ist. Die Montanindustrie leitet ihren Namen von dem lateinischen Begriff „mons“ ab, was Berg bedeutet. Zusammengefasst werden damit alle industriellen Produktionen bezeichnet, die sich mit der Weiterver- und der -bearbeitung von Bodenschätzen befassen. Der deutsche Staat war 1951 neben Belgien, Frankreich, Luxemburg, Italien und den Niederlanden Gründerstaat der so genannten Montanunion, der Europäischen Gemeinschaft für Kohle und Stahl (EGKS), die ein Vorläufer der Europäischen Gemeinschaft, der heutigen Europäischen Union, war und 2002 auslief. Deutschland, als Inhaber der EGKS-weit größten Kohlevorkommen, sollte nach dem Zweiten Weltkrieg wieder zum gleichberechtigten Mitspieler in Europa aufsteigen. Dadurch, dass ein allgemeiner Zugriff auf die Ressourcen möglich war, sollte verhindert werden, dass erneut Unfriede auf dem Kontinent ausbricht. Deutschland und insbesondere das Ruhrgebiet war damals die wichtigste Montanregion in Europa überhaupt.

einen höheren Brennwert hat, als die Importkohle. Im Duisburger Hafen wird deswegen noch immer die angelandete Importkohle, die im riesigen unterirdischen Tiefkohlebunker zwischengelagert wird, mit deutscher Kohle vermischt.

Zur Mitte des 19. Jahrhunderts gab es über ein Dutzend Zechen überall in der Stadt. Im Norden wie im Süden des Stadtgebietes wurde Kohle gefördert. Die ersten Erwähnungen von Steinkohlenbergbau an der Ruhr datieren jedoch bereits aus dem frühen 14. Jahrhundert. Der Umbruch und das Zechensterben begannen mit der – die Bergleute völlig überraschenden – Kohlekrise ab den Jahren1957 und 1958. „1958 war nicht nur der Beginn einer Krise, sondern der Beginn einer strukturellen Erneuerung für das Ruhrgebiet", beschreibt es die RAG Aktiengesellschaft, die die letzten Zechen in Deutschland heute noch betreibt, rückblickend. Inzwischen ist es deutlich günstiger, die immer noch dringend gebrauchte Kohle aus Ländern auf anderen Kontinenten zu importieren.

Tatsächlich war der Steinkohlebergbau in Duisburg nie ein leichtes Unterfangen. Das „schwarze Gold" lag tief und unter schwer durchdringbaren Sand- und Tonschichten vergraben. Entschlossene Unternehmer wie Daniel Morian, Franz Haniel, Wilhelm Grillo und August Thyssen sorgten dafür, dass 1855 die ersten Zechen in Hochfeld und Neuenkamp eröffneten. Viele folgten. Als die Kohlekrise begann arbeiteten rund 100.000 Kumpel in den Hüttenwerken und Zechen der Stadt. In dieser Zeit wurde übrigens auch die BGU, die Berufsgenossenschaftliche Unfallklinik in Großenbaum gegründet, die bis heute einen formidablen Ruf bei der Versorgung von Schwerbrandverletzten hat. Ein Relikt aus der Zeit, als Arbeiter unter Tage und an den Hochöfen regelmäßig schwer verletzt wurden.

Duisburger Stahl gibt es überall

Untrennbar mit der Stahl- und Kohlestadt Duisburg verbunden ist der Name August Thyssen. Der spätere Großindustrielle gründete bereits 1867 das Eisenwerk Thyssen-Foussol und 1891 das Stahlwerk in Hamborn. Der mächtige Thyssen-Konzern war geboren. 1999 fusionierte Thyssen mit Krupp zur Thyssen Krupp AG mit Hauptsitzen in Essen und Duisburg. Im Duisburger Norden befindet sich der zentrale Standort der Thyssen-Krupp Steel Europe AG, die zu den führenden Herstellern von qualitativ hochwertigem Qualitätsflachstahl gehört. Das Hüttenwerk auf dem neun Quadratkilometer großen Gelände an der Rheinschiene umfasst Hochofen, Stahl- und Walzwerke sowie Beschichtungsanlagen. Kunden sind vor allem die Automobil-, Elektro- und Verpackungsindustrie.

Frei nach Hubertus Heil: Wenn Berlin die Kommandozentrale, München das Sonnendeck und Hamburg die Gallionsfigur des Tankers Deutschland sind, dann ist Duisburg der Maschinenraum. Das pulsierende und dynamische Herz der deutschen Wirtschaftskraft. Gebäude, Schiffe, Brücken, Haushaltsgeräte und vor allem Autos werden überall auf der Welt mit Stahl gebaut, der in Duisburg hergestellt wurde.

Wenn sie auch nicht mehr gefördert wird, jede Menge Unternehmen arbeiten in Duisburg weiterhin mit Kohle. Das geht los bei den Logistikunternehmen, die Fracht und Anlieferung organisieren. Die Stahl- und Hüttenwerke brauchen Kohle, um aus Roheisen Stahl zu kochen und in den Hüttenwerken wird noch immer aus Kohle Koks und Rohgas hergestellt. Mit der Kokerei Schwelgern/Carbonaria steht eine der größten Kokereien der Welt in Marxloh. Bei der Inbetriebnahme sprach Thyssen-Krupp-Steel, Hauptabnehmer des hier gewonnenen Kokses, von einem „markanten Meilenstein für den Stahlstandort Duisburg“ und kündigte an, dass diese „modernste und sauberste Kokerei der Welt neue Umweltstandards“ setzen werde. Auch optisch kommt die Kokerei Schwelgern, in der jährlich 2,5 Millionen Tonnen Kohle destilliert werden, modern daher. Der Farbdesigner Friedrich Ernst von Garnier gestaltete die Industrieanlage nach einem naturnahen Farbkonzept.

Die Abstichtemperatur im Hochofen beträgt circa 1.500 Grad.

Deutlich sichtbare Landmarken sind die Schlote der Kokerei, wie es sie gerade im Norden Duisburgs überall gibt. Die erste Schwerindustrie in Duisburg kam aber gar nicht aus dem Montanbereich. Denn am 17. Juni 1824 beantragte der Apotheker Friedrich Wilhelm Curtius die Errichtung einer chemischen Fabrik zur Herstellung von Schwefelsäure und er errichtete seine Fabrik ganz in der Nähe der Stelle, an der heute das Kunstwerk „Rheinorange“ steht: An der Einmündung der Ruhr in den Rhein. Es war das älteste Werk der chemischen Industrie am Niederrhein und im Ruhrgebiet. Die Schwefelsäurefabrik bestand bis 1912. Curtius war 1831 Mitbegründer der Duisburger

Handelskammer, deren Präsident er auch wurde, und hinterließ nach seinem Tod 1862 zwei Söhne, die beide in Duisburg geboren worden waren. Julius Curtius, Außen- und Wirtschaftsminister in der Weimarer Republik, und Theodor Curtius, nach dem in der Chemie die Curtius-Reaktion benannt ist. Im Dellviertel erinnert noch heute die Curtiusstraße an die berühmte Familie.

Berühmte Industriellenfamilien spielten, es wurde an der einen oder anderen Stelle bereits erwähnt, eine große, ja, sogar eine herausragende Rolle in der Stadtgeschichte. Aktuelles Beispiel ist die Unternehmerin und Gewinnerin einer Olympischen Goldmedaille, Gabriele Grillo. Sie engagiert sich unter anderem in der Bürgerstiftung für Duisburg. Grillo ist die Ururenkelin des Unternehmensgründers Wilhelm Grillo, der 1849 ein Zinkwalzwerk in Neumühl gründete. Die Grillo-Werke, die rund 1.600 Mitarbeiter beschäftigen, haben ihren Hauptsitz heute noch in Duisburg, Standorte und Tochterunternehmen gibt es weltweit. Vorstandvorsitzender ist Ulrich Grillo, Gabriele Grillo ist Aufsichtsratsvorsitzende. Auch die PCC-Unternehmensgruppe mit über 2.000 Mitarbeitern in zwölf Ländern hat ihren Sitz in Duisburg und tritt seit vielen Jahren als Sponsor in Erscheinung.

Duisburg und die großen Unternehmerfamilien

Der Eingang zu Haniel in Ruhrort.

Die in der Jetztzeit für Duisburg wahrscheinlich wichtigste und spannendste Unternehmensfamilie sind aber zweifellos die Haniels. Während der Gesellschafterversammlungen, die regelmäßig am Hauptsitz in Ruhrort stattfinden, vervielfacht sich auf den Straßen die Zahl schwerer Nobellimousinen. Laut Manager-Magazin sind die Haniels hinter den Brenninkmeijers, zu denen C&A gehört, die aber alle einen niederländischen Pass haben, die zweitreichste Familie in Deutschland.

Die mehrere hundert Mitglieder zählende Familie Haniel besitzt geschätzte 9,5 Milliarden Euro, was rein rechnerisch jeden von ihnen zum 17-fachen Millionär macht. Sie sind steinreich, doch kaum bekannt. Zumindest außerhalb von Duisburg. Denn Waren oder Produkte mit dem Namen Haniel gibt es bekanntlich nicht. Die Unternehmensgruppe mit dem schlichten Namen Franz Haniel & Cie. GmbH beschäftigt eigenen

Angaben nach auf fünf Kontinenten in mehr als 30 Ländern über 58.000 Mitarbeiter. Der Jahresumsatz lag 2011 bei 27,3 Milliarden Euro. Den Haniels gehören über 34 Prozent der Metro. Dazu gehören ihnen die Mehrheit an Celesio, dem zweitgrößten Pharmagroßhändler der Republik, und dem Spezialversandhändler Takkt, der Rohstoffhandel ELG, das Hygieneunternehmen CWS-boco und hunderte weitere kleine und größere Firmen gehören komplett zu Haniel.

Bei dem Familientag, der Gesellschafterversammlung, wird dann stets der Gewinn auf die Anteile der einzelnen Familienmitglieder verteilt. Das Ergebnis nach Steuern lag 2011 bei sagenhaften 236 Millionen Euro. Dabei gelten seit ehedem zwei eiserne Grundsätze.

1. Niemals wird mehr als ein Viertel des Gewinns ausgezahlt. 75 Prozent bleiben immer im Unternehmen.
2. „Geld verdienen und schweigen", so lautet das Familiencredo. Deshalb tauchen die Haniels nicht in den Klatschmagazinen auf, stehen nicht auf roten Teppichen, leisten sich keinerlei öffentliche Skandale. Nur in Duisburg sind sie allgegenwärtig.

Kaum eine kulturelle oder sportliche Großveranstaltung findet statt, bei der Haniel in Duisburg nicht als Sponsor auftritt. „Wert steigern, Werte leben" ist ein weiteres Familienmotto. Die faszinierende und spannende Familiengeschichte, die 1756 begann, lässt sich im Ruhrorter Haniel-Museum, dem Haniel-Stammhaus und ältesten Gebäude des Stadtteils, miterleben. Kostenlos – allerdings nur nach vorheriger Terminabsprache. Die Familie Haniel kennt in Duisburg jedes Kind. Vor allem jedes Schulkind, das in Homberg das nach dem Firmengründer benannte Franz-Haniel-Gymnasium oder die nach dessen Mutter benannte Aletta-Haniel-Gesamtschule in Ruhrort besucht.

Aber auch viele andere Unternehmer prägten Duisburg durch die Jahrhunderte: 1753 gründete Martin Carstanjen am Knüppelmarkt in der Innenstadt seinen Kolonialwaren- und Tabakhandel in dem später Tabak zu Rauchwaren verarbeitet wurde. Auf dem Gelände des Carstanjens-Garten in Neudorf entstand bis 2011 das neue Berufskolleg mit bis zu 3.000 Schülern. Durch Heirat verbanden sich die Carstanjens mit der Familie vom Rath, die ab 1822 die erste Zuckerraffinierie in Duisburg eröffneten. An beide Kaufmannsfamilien erinnern heute noch Straßen. „Die Duisburger Geschichte wäre nur halb erzählt, wenn der Name Böninger fehlte", beschreibt die Niederrheinische Industrie- und Handelskammer mit Sitz in Duisburg die Bedeutung der Familie Böninger. Am Anfang des 17. Jahrhunderts gründete Peter Böninger seine Lebensmittelhandlung, die in den folgenden Jahrzehnten zu einem Großhandelsgeschäft heranwuchs,

Die Familie Böninger begründete im 17. Jahrhundert eine internationale Handelsfirma. Heute zeugt der Böninger Park vom Reichtum der Böningers.

das mit Tabakhandel Geld verdiente. Ende des 18. Jahrhunderts begann Böninger mit der Tabakfabrikation, die zum Ruhm des Hauses beitrug, so dass 1811 bei Arnold Böninger sogar Napoleon höchstpersönlich zum Frühstück einkehrte. Familienmitglieder wanderten nach Amerika aus, unter „Brothers Böninger" wurde seit 1840 in Baltimore Tabak eingekauft. An der Umgestaltung des Böninger-Parks, dem ehemaligen Privatgarten, beteiligte sich die Familie die längst nicht mehr in Duisburg wohnt, vor wenigen Jahren ohne großes Aufsehen finanziell.

Bekannte frühere Industrielle und Unternehmer aus Duisburg sind auch Johann Caspar Harkort, Max Küppers, Theodor König, Theodor Keetman, Lambert Bicheroux, Karl Hitzbleck, Johann Wilhelm Welker, Karl Schroers, Carl Spaeter, Peter Klöckner, Günter Henle und Carl Lehnkering.

Auf einige von ihnen muss an dieser Stelle näher eingegangen werden, da sie Duisburg bekannt gemacht haben. Unzählige Biertrinker kennen Duisburg, weil Duisburg-Beeck auf dem Etikett der Köpi-Flasche steht. Das König Pilsener ist neben der Getränkegruppe Hövelmann zu der die getreu des Namens ganz und gar unalkoholische Sinalco (sin alcohol) gehört, die zweite weltbekannte Getränkemarke aus Duisburg. König Pilsener wie es als Marke seit 1911 bekannt ist, ist kein eigenes Unternehmen mehr. Nach vielen Hin- und Her-Verkäufen gehört die Marke inzwischen zur Bitburger-Holding. Doch KöPi ist das Bier, das nicht nur in Duisburg und im Ruhrgebiet jeder kennt und trinkt. Kaum ein Getränkemarkt stellt die markant-roten Kästen nicht besonders präsentiert auf. Zudem ist König-Pilsener als Sponsor bekannt. Unterstützt werden der MSV Duisburg und der Eishockeyverein EVD. Die Fankurve im MSV-Stadion ist ebenso nach dem Bier benannt wie die Veranstaltungsarena im Oberhausener Centro und die Mehrzweckarena Königspalast in Krefeld. Auch bei vielen anderen Veranstaltungen sind beide Getränkehersteller, Hövelmann und König-Pilsener, häufig vertreten. So eine bekannte Marke macht natürlich neugierig. Brauereibesichtigungen in Beeck sind möglich, doch wegen der großen Nachfrage kann es zu Wartezeiten von bis zu einem Jahr kommen – je kleiner die Gruppe, umso schneller klappt es in der Regel mit dem Termin. Besichtigt werden können auch die Produktionsanlagen nebst dem firmeneigenen Museum bei Hövelmann. Beide Betriebsrundgänge sind absolut empfehlenswert – und erfrischend.

Mit rund 1.700 Mitarbeitern ist auch die Sachtleben Chemie, seit 1892 in Duisburg, ein ganz wichtiger Arbeitgeber geblieben. Das international tätige Unternehmen stellt hochwertige Chemieprodukte her und bietet damit eine Vielzahl an qualitativ anspruchsvollen Stellen. Mit mehr als 11.000 Mitarbeitern international tätig ist auch Klöckner & Co. Das 1906 in Duisburg gegründete Unternehmen gilt als der größte produzentenunabhängige Stahl- und Metallgroßhändler auf dem europäischen und dem amerikanischen Markt. Bis heute ist das Unternehmen in der Stadt, auch als Sponsor, sehr präsent.

Stadtweit bekannt ist das im Volksmund noch immer Silberburg genannte, aber inzwischen Silberpalais getaufte, Bürohaus neben dem Hauptbahnhof in Neudorf. Hier baute sich von weither sichtbar über viele Jahre der Lichtschriftzug „Klöckner“ auf dem Dach des Hauses auf. Eine romantische Erinnerung an ein Duisburg längst vergangener Tage, als jedoch ganz bestimmt nicht alles besser war.

Der Klöcknerstammsitz heißt heute Silberpalais.

Traurige Berühmtheit erlangte das im Erdgeschoss des Silberpalais untergebrachte Restaurant „Da Bruno“ 2007, als bei einem Mafiamord sechs Männer auf offener Straße erschossen wurden. Eindrucksvoll blieb aber, mit welcher Vehemenz die Duisburger Polizei den Tätern über Jahre auf den Fersen blieb und schließlich den Fall löste.

Nachts am Innenhafen. Der Blick fällt auf den grün erleuchteten Stadtwerketurm, der bald Geschichte sein wird.

Ein 200 Meter hohes Wahrzeichen

Ein, wenn nicht sogar „das" Wahrzeichen der Stadt ist der Stadtwerketurm. Nachts leuchtet der Turm grün, bei Aufstiegen des MSV wurde er aber auch blau angeleuchtet. Während der World Games kam er gar kunterbunt daher. Der ab 1966 erbaute Turm ist eigentlich „nur" ein Schornstein. Mit 202 Metern aber ein sehr, sehr hoher. Eigentlich besteht er aus drei Abzugsrohren, die jeweils etwa drei Meter dick sind. Da diese Rohre jedoch nicht ummantelt sind, ist der Stadtwerketurm ein ungewöhnlicher und imponierender Blickfang, der vielen Duisburgern ans Herz gewachsen ist. Schier unvorstellbar ist es da, dass der Turm 2013 tatsächlich abgerissen werden soll, da die Stadtwerke ihn nicht mehr brauchen und der Unterhalt zu teuer sein soll. Er ist ein Wahrzeichen erster Güte und bietet von seiner 180 Meter hohen Plattform einen Ausblick bis ins Bergische Land und über den halben Niederrhein. Doch leider soll Gewinnstreben die Standortidentifikation ersetzen. Hier kann man den Verantwortlichen nur flehentlich zurufen: Lasst dieses Stück Duisburg nicht fallen!

Uhrmacher des Maharadschas

Nicht aus der Stadt wegzudenken sind auch jene Traditionsgeschäfte, die im wahrsten Sinne des Wortes seit einer Ewigkeit da sind. So ist das Spielwarengeschäft Roskothen auf dem Sonnenwall eines der ältesten Geschäft der Stadt. In dem noch immer familiengeführten Unternehmen wird seit 1879 hochwertiges Spielzeug verkauft. Seit 1881 gibt es das Schmuck- und Antikuhrengeschäft Schmeltzer. Chef und Uhrmacher Bernhard Schmeltzer durfte sogar schon, begleitet von einem Fernsehteam, die prunkvollen Schätze des Maharadschas von Jodhpur in Indien reparieren. Bereits in fünfter Generation und damit eigentlich noch länger im Geschäft ist das Caféhaus Dobbelstein, das seinen ersten Laden bereits 1858 eröffnete und das Duisburg 1860 das erste Kaffeehaus der Stadt bescherte.

Im Zweiten Weltkrieg zerstört, musste die Familie das Traditionshaus wieder aufbauen und eröffnete 1949 neu. Im zweigeschossigen Kö-Café mit zwei Terrassen auf der Königstraße hat fast jeder Duisburger schon einmal gesessen und sich vorzugsweise den Baumkuchen schmecken lassen. Hier ist auch die größte Kaffeemühle der Welt zu bestaunen. Das 450 Kilogramm schwere Gerät funktioniert und ermöglicht es auf einen Schlag 50 Kilogramm Kaffeebohnen zu zermahlen. Wer das nicht glaubt, kann es im Guinnessbuch der Rekorde nachlesen. Sie ist aber nur das Prunkstück im hauseigenen Museum der Duisburger Kaffeehausinstitution. Rund 600 weitere Kaffeemühlen sind ausgestellt. In der Konditorei Dobbelstein gibt es auch ein typisches Mitbringsel. Nur hier wird „Duisburger Dreck“ verkauft. Aber auch in der Konditorei-Confiserie Limper, die es seit fast 40 Jahren gibt, wird Köstliches aus Schokolade und Co. gefertigt. Und zwar so erfolgreich, dass die Leckereien bis nach Australien verschickt werden.

Tradition hat Duisburg auch als Organisationsstandort. So ist hier der Deutsche Gewerkschaftsbund Niederrhein in seinem Stammhaus ebenso vertreten, wie die Unternehmerverbandsgruppe, in der sich rund 700 Unternehmen aus sechs Branchenverbänden zusammengeschlossen haben.

Duisburg, die Bildungsstadt

Duisburg ist also nicht nur eine Stadt der Arbeiter und der Industrie, sondern auch ein enorm vielseitiger Standort auf dem Sektor der Wissenschaft.

Die Uni Duisburg-Essen gehört zu den zehn größten in Deutschland.

Schon im 17. Jahrhundert galt Duisburg als „Duisburgum doctum“, die gelehrte Stadt. Universitätsstadt war Duisburg bereits seit dem 14. Oktober 1655. 163 Jahre bestand die Alte Universität Duisburg, ehe sie aufgrund stark sinkender Studierendenzahlen wieder geschlossen wurde. Erste Bestrebungen in Duisburg eine Universität zu gründen, hatte es sogar bereits ab 1555 gegeben. Als 1818 das Ende besiegelt war, gingen Universitätssiegel und -zepter nach Bonn, wo im selben Jahr die Rheinische Friedrich-Wilhelms-Universität gegründet wurde. Hierhin gelangte auch ein großer Teil der Duisburger Universitätsbibliothek und füllte dort die Regale auf.

Die erste Universität der Stadt hatte, wie es üblich war, vier Fakultäten. Eine medizinische, eine philosophische, eine theologische und eine juristische. Zum 350. Gründungsjubiläum erinnerte die heutige Uni an die alte Zeit: „Es war eine für die damalige Zeit voll ausgebaute Universität. Für die nächsten hundert Jahre war sie die Bildungsstätte fast aller Ärzte, hohen Beamten und reformierten Pfarrer der preußischen Westprovinzen. In den Jahren des Bestehens studierten hier insgesamt etwa 6.000 Studenten.“ Allzu viel erinnert heute nicht mehr an die alte Universität. Auf ihren einstigen Standort verweist die Universitätsstraße in der Innenstadt, die allerdings zweifelsfrei schon bessere Zeiten erlebt hat. Der Gründungsdirektor der Alten Universität, Johannes Clauberg, lebt auf der Claubergstraße in der Innenstadt und in der Clauberg-Halle in Hamborn weiter.

Dass Duisburg nach 154 Jahren Pause ab 1972 wieder eine Universität bekommen könnte, ließ sich ab Ende der 1960er Jahre erahnen. Mit der Verlegung der Pädagogischen Hochschule von Kettwig nach Duisburg 1968 war ein erster Schritt getan. Im Zuge dessen wurde die Maschinenbau- und Hüttenschule zur Fachhochschule erweitert. Ab dem 7. August 1972 war Duisburg dann wieder Universitätsstadt. Als Gesamthochschule verband sie die Lehre von Universität und Fach hochschule miteinander. Ab 1994 hieß die Hochschule dann endlich wieder offiziell Universität und erhielt den Namen des berühmtesten historischen Duisburgers überhaupt: Gerhard-Mercator-Universität. Noch heute neigen die Mütter und Väter der Stadt dazu, alles was noch keinen Namen hat, mit dem Zusatz Gerhard-Mercator zu verzieren. Nicht ganz zu unrecht. Mercator war ein Universalgelehrter, der viele bahnbrechende Entdeckungen machte und von 1552 bis zu seinem Tode 42 Jahre später überwiegend in Duisburg lebte. Doch zum Namensgeber von Straße, Haus, Halle, Schiff, Uni und vielem anderen gibt es später mehr.

Protest gegen die Fusion

Entgegen des Protestes beider Uni-Standorte entschied der Landtag 2002, dass die Hochschulen in Duisburg und Essen künftig eine Einheit bilden sollen und beschloss die Fusionierung, die 2003 erfolgte. Damit ist die Universität Duis-

Die Studierenden können aus über 100 Studiengängen wählen.

Auch „Bürgerschaftliches Engagement ist Kultur", wie das Plakat im Rathaus unterstreicht.

burg-Essen die jüngste Hochschule an Rhein und Ruhr. Sie ist zu einem universitären Schwergewicht in der deutschen Bildungslandschaft geworden. Mit mehr als 37.000 Studenten gehört sie zu den zehn größten Universitäten Deutschlands. In Duisburg sind vor allem die nano- und politikwissenschaftliche Forschung von großem Renommee. Viele der über 100 Studiengänge werden an beiden Standorten angeboten.

Insgesamt zählt die Uni fast 4.000 Mitarbeiter, davon sind gut 400 Professoren. Der Haushalt umfasste nach Angaben der Uni 2010 345 Millionen Euro. Die 2007 gegründete strategische Universitätsallianz mit den Hochschulen in Dortmund und Bochum soll die Lehr- und Forschungsmöglichkeiten erweitern. An der Uni Duisburg-Essen lernen Studenten aus 130 Ländern, die mit Abstand meisten Studenten, gut 6.500, entscheiden sich für eine Disziplin aus dem geisteswissenschaftlichen Bereich, die zweitgrößte Fakultät ist die der Ingenieurwissenschaften. Der Schwerpunkt der Ingenieursausbildung liegt auf dem Duisburger Campus, während die Medizin in Essen angesiedelt ist. In seiner Umfrage 2011 stellte das Centrum für Hochschulentwicklung der UDE ein gutes Zeugnis aus. Dennoch gilt der Duisburger Campus vielen noch als Geheimtipp. Andere Städte tragen klangvollere Namen, sind beliebter, aber nicht unbedingt besser. Dass die Forschungseinnahmen in den vergangenen drei Jahren um 100 Prozent gestiegen sind, spricht für den Ruhrgebietsstandort.

Regelmäßig tauchen Duisburger Wissenschaftler in den Medien auf, wenn es darum geht, komplexe Sachverhalte einem breiten Publikum einfach zu erklären. „Autopapst" Ferdinand Dudenhöffer, Stau- und Panikforscher Michael Schreckenberg oder Wahlanalytiker Karl-Rudolf Korte – die alle in Duisburg lehren – sind Stammgäste in vielen TV-Sendungen. In all diesen und vielen anderen Bereichen gelingen Duisburger Wissenschaftlern Jahr für Jahr Forschungserfolge. International anerkannte Entwicklungen werden auch an anderer Stelle gemacht. Im 2001 eröffneten Zentrum für Brennstoffzellentechnik, das zur Universität gehört, ist das größte deutsche anwendungsorientierte Institut im Bereich der Wasserstoff- und Brennstoffzellentechnik. Im CeNIDE, dem Center for Nanointegration Duisburg-Essen, haben sich die Physik-, Chemie- und Ingenieurswissenschaftlichen Fakultäten zu einem Netzwerk zusammengeschlossen in dem die Nanotechnologie erforscht wird. Und natürlich wird in Duisburg, im Entwicklungszentrum für Schiffstechnik und Transportsysteme auch die Frage untersucht, wie der Frachtverkehr zu Wasser in Zukunft aussehen wird. Eine andere bedeutende Forschungseinrichtung an der Uni in Duisburg ist das Institut für Entwicklung und Frieden. Diese Institute können nur Beispiele sein. Das Spektrum der UDE ist so viel größer und komplexer.

Das architektonisch aufwendig gestaltete Infineon-Gebäude in Huckingen.

Geforscht wird nicht nur an der Uni. Sondern zum Beispiel auch bei der Salzgitter Mannesmann in Hüttenheim, wo umfassende Forschungs- und Entwicklungsarbeiten rund um den Werkstoff – na, welcher wohl? Richtig! Stahl – durchgeführt werden. In unmittelbarer Uni-Nähe befindet sich auch das Fraunhofer-Institut für Mikroelektronische Schaltungen und Systeme, das als eigenständiges Institut zur Fraunhofer-Gesellschaft mit Hauptsitz in München gehört. Schon 1984 wurde es gegründet, seit das Institutsgebäude 1987 bezogen wurde, musste dieses mehrfach ausgebaut und erweitert werden. 260 Beschäftigte sind hier für Forschung, Entwicklung und Pilotfertigung mikroelektronischer Lösungen für Kunden aus Wirtschaft und Gesellschaft tätig. Aufträge kommen aber auch aus der Halbleiterindustrie.

Mit der Halbleiterforschung ist auch das Infineon Entwicklungszentrum in Huckingen befasst, das hier 2004 mit ansprechender Fassadengestaltung neu errichtet wurde. Rund 250 Mitarbeiter entwickeln Halbleitersysteme für die Bereiche Kommunikation und Automobilelektronik. A propos Fraunhofer-Institut: Seit 2001 gehört zu den spannendsten und öffentlichkeitswirksamsten Projekten das so genannte Intelligente Haus. Das „inHaus-Zentrum". Hier gehen die Wissenschaftler der Frage nach, wie sich das Leben in privaten Wohnräumen mittel- und langfristig zum Vorteil verändern kann. Seit 2008 gibt es sogar ein zweites Haus, das nicht mehr nur für das Wohnen ausgelegt ist, sondern sich generell mit der Frage beschäftigt, wie Gebäude künftig verbessert werden können. In beiden Häusern versuchen insgesamt sieben Fraunhofer-Institute und rund 100 kleine und große Wirtschaftspartner aus der ganzen Republik fachübergreifend Gebäude und ihre Technik günstiger und einfacher handhabbar zu machen. Klingeln und die Bewohner nach Energiespartipps fragen bringt aber leider nichts. Das inHaus-Zentrum ist zwar heimelig möbliert und perfekt ausgestattet, aber unbewohnt. Nur für kurze Testphasen ziehen hier Einzelpersonen und Familien ein.

Lehr- und Forschungsräume gibt es im Stadtteil Neudorf auch an anderen Stellen. Der Duisburger Uni-Campus hat mehrere Nebenstellen im Ortsteil. Aber auch in Ruhrort und Duissern sind kleine Standorte der Uni zu finden. Die Studentenwohnheime verteilen sich dagegen sogar fast über die ganze Stadt, wobei die meisten Studierenden in Neudorf oder den angrenzenden Stadtteilen leben, wenn sie nicht von auswärts einpendeln, was im Ballungsraum Ruhrgebiet kein Problem ist. Die Busse und Bahnen vom Hauptbahnhof Richtung Uni sind seit 2011 allerdings noch etwas voller geworden. Denn in der Altstadt wurden drei Berufsschulstandorte aufgegeben und unter dem Namen „Zentrum für Berufliche Bildung und Weiterbildung“ auf einer seit Jahrzehnten bestehenden Industriebrache weniger als zwei Kilometer von der City entfernt in Neudorf zusammengefasst.

Eine der modernsten Schulen Deutschlands

Mit dem Beginn des Schuljahres 2011/2012 öffnete hier eine der modernsten Schulen Deutschlands. Ein riesiger Bau für bis zu 5.400 Schüler, dessen Bau 74 Millionen Euro verschlungen hat, der die Stadt und ihre Bürger jedoch noch viel mehr kosten wird. Weil sich für eine Öffentlich-Private-Partnerschaft entschieden wurde, zahlt die Stadt 25 Jahre lang 600.000 Euro pro Monat an den Investor. Das macht sage und schreibe 180.000.000,- Euro. Kleine Lesehilfe: 180 Millionen Euro. Beleg dafür, dass Duisburg Bildung nicht nur lieb, sondern auch teuer ist.

Gleichwohl ermöglicht der Neubau den kommenden Schülergenerationen sicher sorgenfreies Lernen auf höchstem Niveau. Zudem ist in der Innenstadt mit dem Fortzug der drei Berufskollegs hochattraktiver Planungsraum für neue Projekte entstanden. Mit dem Berufsschulzentrum ist die Zahl der Schulen also gesunken. Sicherlich nicht zum letzten Mal. Denn weitere Schulstandorte werden in den kommenden Jahren schließen müssen – ohne Neubau. Der Bevölkerungsrückgang macht dies – vorerst vor allem bei Grundschulen – notwendig. Noch existieren in Duisburg rund 170 Schulen, davon über 80 Grundschulen. Die Zahl der Gymnasien und Gesamtschulen liegt bei 27. Der Vorläufer des heutigen Landfermann-Gymnasiums in der Innenstadt bestand unter dem Namen Schola Duisburgensis bereits, wenngleich auch nicht an dieser Stelle,

Der Kammerchor der Universität „salto chorale“.

mindestens seit 1280. Damit ist das humanistische Gymnasium eine der 30 ältesten Schulen Deutschlands. Neben der Universität gibt es weitere Hochschulen in Duisburg. So bildet die dezentral organisierte Fachhochschule für öffentliche Verwaltung NRW in Großenbaum rund 1.300 Studierende für die höhere Laufbahn aus. Die private Hochschule für Oekonomie und Management (FOM) ist vertreten und richtet alljährlich, passend zum Standort Duisburg, das Forum Logistik mit Fachleuten aus ganz Europa aus. Und dann ist da noch die Hochschule, die jeder Duisburger vom Hören kennt.

Die hörbare Folkwang-Hochschule

Nicht selten gehen durch die Innenstadt die Klänge klassischer Musik. Denn an der Düsseldorfer Straße hat die Duisburger Abteilung der Folkwang Universität der Künste seit 1987 Quartier bezogen. Das private Konservatorium als Vorgänger begründete die musikalische Tradition an anderer Stelle bereits 1900 und hieß ab 1912 Städtisches Konservatorium. Hier werden exklusiv Alte Musik, Kammermusik und Klavier unterrichtet. Gerade im Sommer, wenn die Fenster der Musikhochschule geöffnet werden, begleitet die Passanten in der Innenstadt die Musik von jungen Instrumentalisten, die später vielleicht einmal in den großen Konzertsälen der Welt zu Hause sind.

Von wichtiger Bedeutung ist auch die nur wenige hundert Meter entfernte Volkshochschule: Eine der größten VHS in Deutschland. Zur VHS Duisburg gehören zwei weitere Standorte in Hamborn und Rheinhausen, das Internationale Zentrum und die „Duisburger Filmwoche“, die seit 1977 das Festival des deutschsprachigen Dokumentarfilms ist. Auch die Niederrheinische Musik- und Kunstschule ist in die Volkshochschule Duisburg eingegliedert.

All diese Bildungsmöglichkeiten hätten garantiert auch dem „Ptolemäus seiner Zeit“, dem Universalgelehrten Gerard De Kremer, besser bekannt als Gerhard Mercator, gut gefallen. 42 Jahre wirkte er in Duisburg, ehe er 1594 hier verstarb. Leider ist sein Grab in der Salvatorkirche verschollen. Doch eine künstlerisch aufwendig gestaltete Gedenkplatte (Epitaph) findet sich hier. Auf schwarzem Grund ist hier in goldener lateinischer Schrift über Mercator zu lesen:

Die Gedenktafel für Gerhard Mercator in der Salvatorkirche.

„Jegliche Furcht,
dass diese kleine Scholle Erde
den Begrabenen als eine Last
bedrückt, ist vergeblich.
Die ganze Erde ist keine Last für
einen Mann,
der ihr ganzes Gewicht auf seinen Schultern getragen hat.“

Damit erinnerten die Trauernden vor über 400 Jahren daran, dass der Begriff „Atlas“, so auch der Titel seines erst nach seinem Tode veröffentlichten Hauptwerkes, vom Kartographen Mercator geprägt wurde. Schon in der griechischen Antike trug der Titan Atlas das Himmelsgewölbe auf seinen Schultern. Nach Mercator benannt ist auch die Mercator-Projektion, die noch heute, z B. bei Google Maps, Verwendung findet. Dank ihr war es Seefahrern erstmals möglich, den Kurs trotz der Krümmung des Erdballs, als gerade Linie anzugeben.

Mercator thront auf dem Brunnen vor dem Rathaus.

Bei diesen bahnbrechenden Erfindungen ist es kein Wunder, dass in Duisburg, aber auch in anderen Städten vieles nach Mercator benannt wird. Ausgerechnet das Kultur- und Stadthistorische Museum, in dem heute eine Dauerausstellung mit kostbaren Schätzen von Mercators Schaffen zeugt, liegt jedoch am Johannes-Corputius-Platz, der nach einem Mercator-Schüler benannt ist. Wobei auch Corputius Erstaunliches leistete und 1566 den ersten Stadtplan von Duisburg erstellte. Dieser Plan aus der Vogelperspektive war ungewöhnlich genau und fasziniert noch heute Jung und Alt beim Vergleich mit den aktuellen Karten. Anlässlich des 500. Geburtstags Mercators wurde 2012 das offizielle Mercator-Jahr in Duisburg.

Ein anderer zweifelsfrei schlauer Kopf muss dagegen noch beweisen, ob er in einer Reihe mit diesen Duisburger Gelehrten stehen kann. Der Duisburger Student Sebastian Runde wurde im Oktober 2011 in der ARD zum „klügsten Deutschen" gekrönt. Zumindest hat er bewiesen, dass der Bildungsstandort Duisburg bildet und Talente hervorbringt. („Sein" Duisburg beschreibt Sebastian Runde auf Seite 210.) Das bewies auch – wieder im TV – 2012 der ehemalige Curling-Europameister Sebastian Jacoby aus Duisburg, als er in der ZDF-Wissenshow zum „Superchampion" wurde. Am 3. Juni errang er anschließend bei der 1. Deutschen Quizmeisterschaft, die in Duisburg ausgetragen wurde, den Titel.

Ländliches Idyll nur ein paar Kilometer von der Innenstadt entfernt.

Land und Leute in Duisburg

Zur Stadt Montan gehört auch die klassische Landwirtschaft. Auf Duisburgs Feldern wachsen Früchte, von denen viele nichts wissen. Nicht nur die Felder der Wissenschaft, sondern auch die ganz gewöhnlichen Felder gehören – und das überrascht Besucher immer wieder – zu Duisburg. Gerade das südliche und das westliche Stadtgebiet sind im wahrsten Sinne von der Landwirtschaft gezeichnet. Auf den Feldern von Mündelheim und Rahm, Rumeln und Baerl wachsen, der um sich greifenden Unsitte der Monokulturen weitgehend noch zum Trotze, alle möglichen Ackerfrüchte. Nicht wenige werden im Kaßlerfelder Großmarkt direkt an Gastronomie- und Einzelhandelsbetriebe in der Region weiterverkauft. Der Großmarkt versorgt rund zwei Millionen Menschen am Niederrhein und im Ruhrgebiet. Auf 32.000 qm werden jährlich rund 100.000 Tonnen Lebensmittel umgesetzt. Vieles davon kommt aus Duisburg: Ob Weizen, Gerste, Kartoffeln, Mais, Roggen oder Rüben: Duisburgs Felder sind voll davon. Der

Viel Vieh steht auf Duisburgs Weiden.

kleine Stadtteil Serm heißt sogar ganz offiziell Kappesdorf – benannt nach den Weißkohlköpfen, die hier rundherum zu abertausenden geerntet werden.

Dass es in Duisburg aber auch ganz wunderbaren grünen und weißen Spargel gibt, hat sich bislang auch bei den Einheimischen noch nicht so recht herum gesprochen. Aber tatsächlich! Auf den Äckern in Mündelheim baut Bauer Jürgen Schaumlöffel seit 2004 erfolgreich die „Königin des Gemüses" an. Und auch im Binsheimer Feld wachsen im Frühjahr auf vielen Hektar die Spargelstangen heran. Verkauft werden diese allerdings auf dem Spargelhof der Familie Steiner, der kurz hinter der Stadtgrenze auf Moerser Gebiet liegt. Mehrere andere Spargelfelder machen Duisburg jährlich bis zum 24. Juni für Feinschmecker besonders interessant. Nach dem Johannistag werden Spargel und Rhabarber traditionell nicht mehr geerntet.

Schon nach der Verlagerung des Rheins im Mittelalter hatte sich die Stadt von der Handelsmetropole zur Ackerbürgerstadt entwickelt. Bis heute gehört der Ackerbau zur Stadt. Viehzucht findet sich allerdings vergleichsweise selten.

INSIDERTIPP Aber es gibt sie. Zum Beispiel an einem sehr lehrreichen und schönen Ort im nördlichen Stadtgebiet. Mitten in Meiderich, direkt neben den gewaltigen Industrieanlagen im Landschaftspark Nord steht – nicht nur für Kinder – der Lernbauernhof der Awo. Der Ingenhammshof liegt auf historischem Grund. Über Jahrhunderte wurde hier Landwirtschaft betrieben. 1992 beschloss der Rat der Stadt einen Lernbauernhof zu errichten. Neben den alten Hofgebäuden entstanden weitere Stallungen sowie mehrere Gruppenräume. Der nicht-kommerziell ausgerichtete Lernbauernhof bietet Kindern die Möglichkeit, das Landleben aus allernächster Nähe mitzuerleben und so ein Verständnis für die Natur und Respekt vor Lebensmitteln zu gewinnen. Auf zwölf Hektar Land wird nach umweltschonenden Methoden angebaut. Hier dürfen sich Duisburger Kinder ebenso betätigen, wie in dem 500 qm großen Bauerngarten oder den Kräuter- und Beerenobstbeeten. Vor allem aber leben auf dem Ingenhammshof Tiere, deren Rassen auf anderen Bauernhöfen kaum noch vorkommen und die teilweise sogar vom Aussterben bedroht sind. Zum Beispiel das Bunte Bentheimer Schwein oder Schwarzbunte Niederungsrinder. Zudem gibt es einen Lehrbienenstand, an dem Honig produziert wird. Alle Produkte sind im eigenen Hofladen zu kaufen – und schmecken richtig gut. Den Umgang mit landwirtschaftlichen Nutztieren können Kinder aber auch auf dem Mattlerhof im Revierpark und auf so manchem anderen Bauernhof kennenlernen.

3. KAPITEL

DU, DER GRÜNE VERKEHRS-KNOTENPUNKT

Fünf Autobahnen, ein wichtiger Knotenbahnhof, schnelle Erreichbarkeit von zwei internationalen Flughäfen und die Wasserstraßen machen Duisburg zum Einfallstor für Ruhrgebiet und Niederrhein und zu einem der bedeutendsten Verkehrsknotenpunkte der Region. Duisburg bietet aber auch viel Grün: Zehn Prozent der Stadt bestehen aus Wald.

„Wer nicht schnell genug bremst, ist schon wieder dran vorbei gefahren", unken Lästermäuler gerne über die Ruhrgebietsgroßstädte Gelsenkirchen oder Oberhausen. Tatsächlich haben die beiden Städte gemeinsam fast so viele Einwohner wie Duisburg, sind aber zusammengefasst in der Größe nach Quadratkilometern mit dem Verhältnis 182 km^2 zu 232 km^2 deutlich kleiner. Wer Duisburg in all seinen Facetten kennen lernen will braucht Zeit. Dann entdeckt man, weil die Einwohnerzahl pro km^2 relativ gering ist, viele abgeschiedene Orte. Doch gerade darum soll es jetzt eben nicht gehen. Schließlich ist Duisburg verkehrstechnisch betrachtet außerordentlich gut gelegen.

100.000 Autos rauschen täglich über die Schrägseilbrücke der A40 über den Rhein.

Duisburg, die gut vernetzte Stadt

Die Gesellschaft für Wirtschaftsförderung beschreibt das so: „Duisburg ist aufgrund seiner exzellenten Lage an Rhein und Ruhr Bindeglied und natürliches Zentrum zweier bedeutender Wirtschaftsachsen: der Rheinschiene im Süden und dem Ruhrgebiet im Osten mit zusammen ca. elf Millionen Menschen. Wenn man die nahe gelegenen Wirtschaftszentren Belgiens und der Niederlande mit in Betracht zieht, leben in einem Radius von 150 Kilometern 30 Millionen Menschen." 30 Millionen! Boah ey! Jaja, so kommentiert der Duisburger tatsächlich Überraschendes und Eindrucksvolles. Ein gewaltiges Potential, das Investoren und Firmenchefs in den vergangenen zehn Jahren auf Duisburg aufmerksam machte. Ist es für viele Branchen doch besonders interessant, schnell von einem Standort zum nächsten zu gelangen.

Zwei Flughäfen vor der Haustür

Von Duisburg aus klappt das ganz hervorragend. Wer es sehr weit oder besonders eilig hat steigt ins Flugzeug. Der Düsseldorfer Flughafen ist der drittgrößte deutsche Airport und das wichtigste internationale Drehkreuz in NRW. Von hier sind 180 Ziele in 50 Ländern erreichbar. Wer in der Innenstadt mit dem Auto losfährt, steht 25 Minuten später am 27 Kilometer entfernten Check-In-Schalter seiner Fluggesellschaft. Mit der Bahn dauert die Fahrt vom Hauptbahnhof zum Bahnhof Düsseldorf Flughafen sogar nur acht Minuten. Das Autobahnkreuz Duisburg-Süd, das 2013 fertiggestellt werden soll, wird dann auch eine direkte Autobahnverbindung ziwschen Duisburg und Düsseldorf herstellen und den Flughafen und die Landeshauptstadt noch näher an Duisburg heran rücken. Ein uralter Makel in der sonst so dicht vernetzten Region wird damit endlich abgeschafft.

Gute 60 Kilometer entfernt ist der Verkehrsflughafen Niederrhein, besser bekannt als Flughafen Weeze. Werbestrategen preisen den kleinen, aber schnell wachsenden Flughafen irreführend gerne als Flughafen Düsseldorf-Weeze an, dabei trennen beide Airports mehr als 70 Kilometer. Für Duisburg ist es dennoch ein Segen, dass in der kleinen Gemeinde im Landkreis Kleve die Weezer Erfolgsgeschichte das Geschäft belebt. In gut einer Dreiviertelstunde ist der zweite Flughafen erreichbar und von ihm aus rund 60 internationale Ziele. Tendenz steigend.

Wer auf dem Boden bleiben will, hat es nicht schwer, nach Duisburg zu kommen. Fünf Autobahnen verlaufen mitten durch oder direkt dran vorbei. Die A59 ist die Stadtautobahn. Die Nord-Süd-Achse führt einmal komplett durch die Stadt und macht den Besuch in den Nachbarstädten zum Katzensprung. Mehr als 100.000 Autos rollen täglich über die Achse und es dürften in den kommenden Jahren noch einmal deutlich mehr werden. Denn mit dem sechsspurigen Ausbau der Stadtautobahn wird die Strecke wesentlich attraktiver und schneller. Die Nebenstraßen werden dabei entlastet. Dass die Vorväter bereits in den 1920er Jahren die Trasse geplant haben, ist doppeltes Glück für die heutigen Duisburger. Denn dass die sechsspurige A59 heute direkt neben dem Hauptbahnhof unterirdisch vorbei läuft macht es möglich, dass der Bahnhofsvorplatz als Tor zur Innenstadt optisch gestaltet werden kann. Allerdings dachte damals noch keiner daran, eine Autobahn durch die Stadt zu bauen. Die Trasse sollte eigentlich einmal die U-Bahn aufnehmen. Die kam jedoch erst 70 Jahre später nach Duisburg.

Mit der A524 führt noch eine nur wenige Kilometer lange Bahn, die eine der kürzesten in Deutschland ist, am südlichen Stadtgebiet entlang. Vorgesehen ist, dass sie künftig nicht nur bis Düsseldorf, sondern auf der anderen Seite bis Krefeld reicht. Von ungleich größerer Bedeutung sind die anderen drei Autobahnen. Die A3 ist ohnehin eine der wichtigsten deutschen Autobahnen und führt auf mehreren Kilometern durch Duisburger Stadtgebiet. Leider ist Duisburg seit einer Umstrukturierung 1992 kaum noch als wichtige Durchfahrtsstadt auszumachen, weil alle Schilder auf Oberhausen (!) hinweisen. Das Autobahnkreuz Oberhausen-West liegt weiterhin fast vollständig auf Duisburger Stadtgebiet. Aber diese Form der Nachbarschaftshilfe ist dem „kleinen“ Nachbarn gerne gegeben.

Die A40 und die A42, beide von der A59 aus erreichbar, tragen im Spitznamen die Flüsse der Region. Die A40, der Ruhrschnellweg, ist eine der am dichtest befahrenen Autobahnen in Deutschland, und führt in Neuenkamp über den Rhein. Auch der Emscherschnellweg, die A42, überbrückt bei Beeckerwerth den Rhein auf Duisburger Stadtgebiet. Diese Schrägseilbrücke ist über einen Kilometer lang.

Täglich 100.000 Fahrgäste am Knotenbahnhof

Als Oberzentrum für den Niederrhein und Bindeglied dieser Region mit dem Ruhrgebiet ist Duisburg eine Großstadt mit vielen Wurzeln, die in alle Richtungen reichen. Am deutlichsten wird dies am Hauptbahnhof, dem zentralen Knotenbahnhof im westlichen Ruhrgebiet. Hier im Kreuzungsbahnhof halten sämtliche durchreisenden ICE- und IC-Linien an und verbinden in viele europäischen Regionen. Seit August 2011 fährt täglich ein Hochgeschwindigkeitszug Thalys in viereinhalb Stunden in die

Der Hauptbahnhof ist einer der Dreh- und Angelpunkte für den Bahnverkehr im Ruhrgebiet.

französische Hauptstadt Paris. Die Bahnstrecke Duisburg-Köln, ein Teilbereich der Rheinschiene, gilt als eine der am meisten befahrenen Routen in Deutschland. Bis zu 100.000 Fahrgäste be- oder entsteigen täglich den mindestens 600 Zügen, die in Duisburg Station machen.

Der Duisburger Hbf wird von der Deutschen Bahn in der zweiten von sieben Bahnhofskategorien geführt, er ist damit nicht mehr unter den Top 20 Bahnhöfen der Republik. Im Ruhrgebiet sind Dortmund und Essen inzwischen höher eingestuft. Ein Umstand, der sich über viele Jahre in der stiefmütterlichen Behandlung der DB zeigte, wenngleich im Kulturhauptstadtjahr 2010 die Bahnhofshalle und die Unterführung zu den Gleisen für zehn Millionen Euro saniert wurden. Auch der Südflügel wurde modernisiert und wird als Bürostandort neu genutzt. Doch der Hauptbahnhof sieht nun insgesamt wieder einer besseren Zeit entgegen. Und nicht nur er alleine. Das gesamte Bahnhofsumfeld soll in den kommenden Jahren überarbeitet werden. Ein Parkhaus soll gebaut, neue Bürogebäude errichtet werden und, und das wäre der große Wurf für den superzentral gelegenen 13-Gleise-Bahnhof mit angrenzendem Bus- und U-Bahnhof, die Fahrsteige sollen trotz Denkmalschutz eine neue gläserne Überdachung erhalten. Kostenpunkt: Mindestens 100 Millionen Euro. Vielleicht wird mit der Erneuerung der Hauptbahnhof auch wieder in die erste Kategorie eingestuft, denn Gründe die für die Herabstufung sprachen hat es eigentlich nie gegeben. Der

Vier Straßenbahnlinien der Duisburger Verkehrsgesellschaft (DVG) fahren durch die Stadt.

Ursprung des heutigen Hauptbahnhofs liegt im Jahre 1846, als die Köln-Mindener-Eisenbahn-Gesellschaft über Duisburg das Gleisnetz ins Ruhrgebiet erweiterte. Die noch bestehende repräsentative Empfangshalle wurde bis 1934 gebaut. In Friemersheim steht Duisburgs zweitwichtigster Bahnhof. Am Rheinhauser Bahnhof startet die Niederrheinstrecke, die bis in die gut 50 Kilometer entfernte sehr besuchenswerte Römer- und Siegfriedstadt Xanten führt.

Diskutiert wird seit längerem auch die aus dem späteren 19. Jahrhundert stammende Bahnlinie vom Duisburger Hafen zum Seehafen Antwerpen wieder aufzunehmen, eine Realisierung scheint aber aus Kostengründen unwahrscheinlich. Ein anderer Plan sieht vor, die niederländische Betuweroute über Duisburg bis Oberhausen zu verlängern. Das haben die Verkehrsminister beider Länder 2005 vereinbart. Ein Milliarden teures Infrastrukturprojekt, das 2013 angegangen werden soll.

Von der Pferdebahn zur U-Bahn

Der Bahnverkehr innerhalb der Stadt spielt wegen der vielen Flüsse und Brücken dagegen keine allzu große Rolle. Stattdessen ist die Duisburger Verkehrsgesellschaft dafür verantwortlich, dass die Duisburger sich rollend durch ihre Stadt bewegen können. Die vier Straßenbahn- und 31 Buslinien, die längste führt über 24 Kilometer von Walsum bis Beeckerwerth, bilden ein über 420 Kilometer langes Verkehrsnetz.

60 Millionen Fahrgäste nutzen jährlich die Dienste der DVG. Ihr Vorgänger war übrigens eine Pferdebahn, die von 1881 bis 1898 von Ruhrort in die Innenstadt führte. Seitdem ist das gesamte Verkehrsnetz elektrisch. Die 1992 eröffnete U-Bahn bedient ab dem Hauptbahnhof die umliegenden Stadtteile und die Innenstadt und fährt seit 2000 in nördlicher Richtung bis nach Meiderich. Seit Juli 2010 ist die DVG mit den Verkehrsbetrieben der Städte Essen und Mülheim eine strategische Partnerschaft eingegangen. So soll „mit maximaler Wirtschaftlichkeit der Nahverkehr ausgebaut und die Angebotsqualität für die Fahrgäste verbessert werden“.

Neun Nachbar- und neun Partnerstädte

Eine gute Idee, die Ruhrgebietsstädte stärker zu verknüpfen. Denn in der Regel ist es so, dass, wer eine Stadt verlässt, gleich schon wieder mitten in der nächsten Stadt steht. Duisburg hat mit Meerbusch, Ratingen, Düsseldorf, Krefeld, Moers, Rheinberg, Dinslaken, Oberhausen und Mülheim neun Nachbarstädte.

Städtepartnerschaften haben in Duisburg eine lange und wichtige Tradition. Neun internationale Partnerschaften werden teilweise seit Jahrzehnten gepflegt, nur die Partnerschaft mit Lomé in Togo, 1973 die erste deutsch-afrikanische Partnerschaft überhaupt, ruht wegen der undemokratischen Verhältnisse in dem westafrikanischen Land seit langem. Einen regen Austausch gibt es dagegen mit der ersten Partnerstadt, dem englischen Portsmouth (1950), nach der nicht nur der Portsmouthdamm am Innenhafen, sondern auch der Portsmouthplatz vor dem Hauptbahnhof benannt ist, und Calais (1964) in Frankreich. Seit 1982 pflegt die Stadt die Kontakte mit der chinesischen Metropole Wuhan, seit 1985 mit Vilnius in Litauen. Nachdem es dann 20 Jahre keine neuen Städtepartnerschaften gab, wurde 2005 das türkische Gaziantep in den Freundeskreis aufgenommen, 2007 folgte das russische Perm, 2008 die zweitgrößte Stadt Honduras‘, San Pedro Sula, sowie drei Jahre später das Urlaubsparadies Fort Lauderdale in Florida. Generell sollen alle Partnerschaften den wirtschaftlichen, kulturellen und sozialen Interessen sowie der Völkerverständigung dienen.

Dass Duisburg aber in Kärnten sogar auf 2.572 Höhenmetern vertreten ist, das verdankt die Stadt seit über 100 Jahren der hiesigen Sektion des Deutschen Alpenvereins. Dort thront die „Duisburger Hütte“, die nur zu Fuß oder Helikopter erreicht werden kann.

Zehn Prozent des Stadtgebietes bestehen aus Wald.

Duisburg, die grüne Stadt

Manche Dinge lassen sich nicht schönreden. Nicht selten versuchen es die Duisburger auch gar nicht erst und üben sich stattdessen am Gegenteil: Dem Nörgeln. Aber es ist, wie es ist, Duisburg ist wirklich eine Stadt mit hohem Freizeitwert: Immerhin zehn Prozent des Stadtgebietes bestehen aus Wald. Dennoch gilt die Stadt als waldarm, ist im bundesweiten Durchschnitt doch fast jeder dritte Quadratmeter bewaldet. Doch im direkten Vergleich steht die Stadt nicht schlecht dar. Städten wie Dortmund, Düsseldorf oder Essen geht es ganz ähnlich. Also kein Grund zu meckern, sondern sich an dem, was bereits da ist, zu erfreuen. Zudem hat sich die Stadt auf die Fahnen geschrieben, die bestehenden rund 2.300 Hektar großen Waldflächen „dauerhaft erheblich zu vergrößern“.

Im 600 Hektar großen Stadtwald gibt es viel zu entdecken.

Ein wichtiger Schritt ist bereits damit getan worden, dass der Wald seit 2003 zertifiziert wird und seitdem zehn Prozent des Waldes stillgelegt wurden und sich als „Urwald" entwickeln dürfen. Zwar ist kaum eine Grünfläche so wichtig für Luft und Artenvielfalt wie der Wald, doch für die Lebensqualität der Bürger sind auch andere grüne Oasen von Bedeutung. Dass Duisburg eine grüne Stadt ist, macht ein Blick aus der Vogelperspektive möglich. Der Wald, die Parks, die Felder und Wiesen und die Gärten sprechen eine deutliche Bildsprache.

Doch die mit Abstand schönste Grünfläche in Duisburg ist und bleibt eben der 600 Hektar große Stadtwald. Dabei ist vielen Duisburgern nicht bekannt, dass der Duis-

An allen Seen finden sich ruhige Rückzugspunkte.

MATHIAS „FETZER" WEBER Matthias Weber wurde 1778 in der Nähe von Neuss geboren und wurde in seinem nur knapp 25 Jahre währenden Leben zu einem der bekanntesten Räuber Deutschlands. Da er im Kampf zum Berserker werden konnte erhielt er den Beinamen „Fetzer". Im Alter von 21 Jahren war er Räuberhauptmann einer gefürchteten Bande, die eine Postkutsche ausraubte und reiche Beute machte. Die Behörden intensivierten die Jagd und verhafteten Weber einige Jahre später. 1803 wurde er in Köln geköpft.

burger Stadtwald sich gemeinsam mit dem Mülheimer Wald in Richtung Süden über mehrere andere Waldstücke erstreckt und so ein zusammenhängendes Waldgebiet von mehr als 30 km² bildet. Der Stadtwald ist einer der ältesten Wälder im Rheinland und blickt auf rund 1000 Jahre Geschichte zurück. Überwiegend stehen hier Buchen, es gibt aber auch viele Eichen. Nur 15 Prozent der Bäume sind Nadelhölzer. Die Bedeutung des Stadtwaldes für die Entwicklung Duisburgs war stets riesig. Hierher kamen das Wild und das Holz und hier wurden Steine gebrochen. Und hier wurde bereits seit mindestens 1562 nach Kohle gegraben – allerdings erfolglos.

Mehrere der alten Stollen sind noch vorhanden und es ranken sich wilde Geschichten um sie. So etwa um die Schinderhannes-Höhle, die nach dem berüchtigten Räuber des späten 18. Jahrhunderts Mathias Weber benannt sein soll. Es gibt Leute, die sagen, dass hier bis heute ein Teil seiner Beute ...

Einen Goldschatz haben die Revierförster, die von der Stadt mit Pflege und Hut des Waldes betraut sind, bislang jedoch nicht gefunden. Die Förster, die Waldjugend und die Kreisjägerschaft mit ihrer rollenden Waldschule setzen sich intensiv dafür, ein, dass Funktion und die Merkmale der nachhaltigen Nutzung des Waldes bekannter werden.

Schrebergartenkolonien erfreuen sich ungebrochener Beliebtheit.

Der Stadtwald, die grüne Lunge, ist größer, als alle Parks und Grünanlagen in Duisburg zusammen. Knapp 550 Hektar groß sind die 23 Parks im Stadtgebiet, inklusive der beiden Botanischen Gärten.

Aber auch die Kleingartenanlagen färben das Luftbild grün. Über 6.300 Kleingärten werden von Pächtern auf 200 Hektar städtischem Grund und Boden bearbeitet. Hinzu kommen 17 Friedhöfe. Auf städtischen und privaten Grundstücken gibt es stadtweit knapp 100 besonders schöne oder imposant gewachsene Bäume, die zu Naturdenkmälern erklärt wurden. Wichtig für das Stadtbild sind die rund 50.000 Straßenbäume, deren Bestand nach dem Zweiten Weltkrieg erst langsam wieder aufgebaut werden musste. Häufig mit Bedacht, manchmal aber auch nicht. Welch‘ wilde „Blüten“ das Anpflanzen von nicht-heimischen Bäumen treiben können, zeigte sich 2010, als sich die Stadt nach Anwohnerbeschwerden schweren Herzens dazu durchrang, 160 erwachsene und gesunde Ginkgobäume fällen zu lassen: Die Früchte der weiblichen Exemplare stanken so bestialisch, dass sie für rund 120.000 Euro ausgetauscht werden mussten.

Einzigartige Naturareale sind entlang der Flüsse entstanden. Die Auenlandschaft in und um Duisburg herum ist riesig und ermöglicht es, dass Mensch und Tier eigene Räume haben und sich so nur selten in die Quere kommen. Besonders wichtig und schön sind die Rheinauen in Binsheim, Friemersheim und in Walsum. Letztere bildet hier auf über 500 Hektar, gut 20 ha liegen auf Dinslakener Gebiet, Duisburgs größtes Naturschutzgebiet. Sie bildet den südlichsten Zipfel des für Zug-, Wasser- und Wattvögel wichtigen Feuchtgebietes „Unterer Niederrhein".

Doch nicht nur vom Aussterben bedrohte Tiere, sondern auch viele seltene Pflanzenarten gedeihen hier. Alleine in den Walsumer Rheinauen wurden fast 200 unterschiedliche Vogelarten, darunter auch Störche, gezählt. Für ein optisch wie akustisch eindrucksvolles Spektakel sorgen die vielen tausend Feldgänse, etwa Saat- und Blässgänse, die den Sommer in der Taiga verbringen und sich im Winter gerne am vergleichsweise „warmen" Niederrhein niederlassen. Wenn die Vogelschwärme einziehen und auch, wenn sie im Frühjahr wieder davon flattern, erfüllt ein Schnattern die Luft und die Blicke aller Spaziergänger recken sich nach oben. Andere Gänsevertreter stoßen auf weniger Gegenliebe. Nil-, Kanada- und Graugänse fühlen sich seit einigen Jahren pudelwohl auf den Ufer- und Grünflächen in Duisburg und vermehren sich, sehr zum Unmut einiger, beständig. Andere können sehr gut nachvollziehen, dass die Gänse gerne in Duisburg leben.

Die vielen Seen ziehen Mensch und Tier gleichermaßen an.

Natur von ihren schönsten Seiten kann erleben, wer in einen der beiden Botanischen Gärten geht. Beide sind bei freiem Eintritt ganzjährig geöffnet. Der ältere in Duissern ist der kleinere der beiden und wurde 1890 eingeweiht. Hier wachsen auf zwei Hektar überwiegend heimische Pflanzen, aber auch einige Exoten. In einem angeschlossenen Café kann der Blick auf die Pflanzenvielfalt genossen werden. Die evangelische Gemeinde feiert hier zwei Mal pro Sommer Gottesdienste im Grünen, die sehr gut besucht sind. Zwischen Pfingsten und September gibt es übrigens auch im Stadtwald wöchentlich einen Waldgottesdienst.

Zu fast allen anderen Zeiten findet sich im Botanischen Garten Duissern jedoch ein ruhiges Plätzchen zum Entspannen. Deutlich größer und abwechslungsreicher und deswegen noch schöner ist der Botanische Garten in Hamborn, in dem über 1.000 verschiedene Pflanzen zu sehen sind. 2011 sollte der Botanische Garten plötzlich fast komplett geschlossen werden, doch die Bürger wehrten sich engagiert. Zwar wurden die tropischen Pflanzen eines Schauhauses verschenkt oder zerstört, doch Mitte 2012 konnte die Bürgerinitiative froh und stolz verkünden: „Entgegen allen Gerüchten: Der Botanische Garten wird nicht geschlossen und auch nicht in eine pflegeleichte Parkfläche verwandelt. Die Aquarianer werden weiterhin die Schaubecken betreuen. Das große Gebäude mit den Tropenhäusern wird nicht abgerissen!

Das sind die Erfolge, die die Duisburger Dank ihres Protestes und mehr als 8.000 Unterschriften verzeichnen können. Zur Zeit wird der nördliche Teil des Gartens umgestaltet, damit die (jährliche/Anm. d. Verf.) Fuchsien-Ausstellung wie gewohnt stattfinden kann. Der Förderverein übernimmt die Planung und Pflege eines 400 qm großen Bauerngartens. Der Förderverein übernimmt die Empore im Subtropenhaus, die als Seminar- und Ausstellungsort genutzt werden soll.

Ein Freizeitpark von Duisburg bis Dortmund

Und auch der Revierpark Mattlerbusch, eines der wichtigsten Naherholungsgebiete in Duisburgs Norden, ist weiterhin ein Anziehungspunkt für Naturliebhaber. Fünf Revierparks wurden in den 1970er Jahren überall im Ruhrgebiet gebaut, um den Freizeitwert in der dicht besiedelten Industrieregion zu erhöhen. Im Rahmen der IBA Bauaustellung wurden sie 20 Jahre später durch ein Radwegenetz miteinander verknüpft. Doch es geht weiter. Bis 2020 soll so der Emscher Landschaftspark von Dortmund bis Duisburg entstehen. Der 45 Hektar große Duisburger Revierpark wurde 1979 als letzter der fünf Parks auf dem Gelände des alten Mattlerhofes gebaut. Er ist Bestandteil des über 120

Hektar großen Freizeitparks Hamborn, zu dem auch der Jubiläumshain gehört. Zum Park gehören neben dem Mattlerhof mit natur- und tierpädagogischem Zentrum, Ponyhof, Streichelzoo und Brauhaus zahlreiche große Wiesen und ein Natursee sowie die Niederrhein-Therme. Zu dem Freizeitbad gehören ein Wellenbad samt Außenanlage, 16 verschiedenen Saunen und ein Thermalbad. Zudem kann am Gradierwerk, einer Anlage zur Salzgewinnung, frische Meeresluft geschnuppert werden. Der Revierpark Mattlerbusch wurde in den vergangenen Jahren stetig modernisiert und ist so ein nicht nur bei Duisburgern beliebter Ausflugsort geblieben, in dem auch das Verständnis für die Natur eine große Rolle spielt.

Ein, zwei Tage allein kann man ganz locker auch im Baerler Busch verbringen, ohne dass man beim nächsten Besuch die Sorge haben müsste, jeden Weg schon gegangen zu sein. Das Naherholungsgebiet besteht aus einem Waldstück und der auf Moerser Gebiet liegenden Halde Rheinpreußen. Hier thront auf dem Gipfel in 70 Metern Höhe der 30 Meter hohe begehbare Lichtturm „Geleucht" in Form einer Bergwerksgrubenlampe.

Dazu gehören auch der Lohheide- und der Reitwegsee. 320 Hektar groß ist dieses Gebiet, dessen Pflege Aufgabe des Regionalverbandes Ruhr ist. Hier gibt es unzählige Wander- und Radwege und auch ein sehr umfangreiches Reitwegesystem. Spannend ist der Baerler Busch auch, weil es hier extrem viele Bombenkrater aus dem Zweiten Weltkrieg zu sehen gibt, die nach rund 70 Jahren daran erinnern, wie groß ein Krater war, der von einer alles vernichtenden Fliegerbombe gerissen wurde. Der Baerler Busch wird stückweise zu einem ökologischen Naherholungsgebiet ausgebaut. Das bedeutet, dass ehemalige Trampelpfade ausgebaut werden. Vertreten sind hier vor allem Eichen, Buchen, Kiefern und Robinien sowie mannshohe Farne.

Übrigens ist nicht nur der Eintritt in die Botanischen Gärten, sondern auch der in den Revierpark sowie die Parks und die Wälder frei. Forderungen Eintritt in den Wald zu erheben hat es in anderen Kommunen tatsächlich schon gegeben. Dagegen nimmt sich die Idee der Stadt Duisburg, eine Aktie Grün eingeführt zu haben, viel charmanter aus. Bürger, die sich für mehr Grün engagieren wollen sind mit mindestens zehn Euro dabei und unterstützen damit gezielt ein Grünprojekt in ihrer Stadt.

Duisburg in (geographischen) Ziffern

Ein schönes Ausflugsziel mitten im Grünen ist auch der 75 Meter hohe Kaiserberg (früher Duissernscher Berg), der äußerste Ausläufer des Rheinischen Schiefergebirges. Hier findet sich auch die nur unwesentlich höher aufgeschüttete höchste Erhebung der Stadt, der auf 82 Meter gelegene Landsitz „Haus Hartenfels“. Im Gegensatz dazu liegt auch der tiefste Punkt der Stadt in grüner Umgebung. Knapp 15 Meter über Normalnull findet sich dieser an der Kurfürstenstraßen in Walsum. Der Stadtkern liegt an der Citykreuzung Königstraße/Ecke Hohe Straße 33,5 Meter hoch.

Wobei der eigentliche Stadtmittelpunkt etwa einen Kilometer entfernt liegt. Der Kaßlerfelder Kreisel an der Ruhrorter Straße/Ecke Ruhrdeich ist mit einer Fahrbahnlänge von über 280 Metern nicht nur Duisburgs größter Kreisverkehr, sondern eben auch das geographische Zentrum der Stadt. Als solches ist es natürlich auch dicht befahren, was den Kreisel zu einer der gefährlichsten Stellen überhaupt macht. Jährlich ereignen sich hier mehrere Unfälle mit Verletzten.

Wer Duisburgs Stadtgrenze ablaufen will muss sehr gut zu Fuß sein oder sich viel Zeit nehmen: Sie ist 101,5 Kilometer lang. In ihrer längsten Ausdehnung von Nord nach Süd ist die Stadt 25,1 Kilometer lang, die Ost-West-Breite bringt es auf 14,2 Kilometer. Diese Größe wird auch in der Anzahl der Telefonvorwahlen deutlich.

Ein Blick von oben herab auf den Stadtkern.

Gleich sechs unterschiedliche Nummern verteilen sich über die Stadt. Die am weitesten verbreitete ist natürlich die gängige 02 03. Doch je nachdem wo man jemanden in Duisburg erreichen will muss man die Krefelder Vorwahl 02 1 51 (für Rumeln-Kaldenhausen), die Moerser Nummer 0 28 41 (Baerl) oder die 0 28 44 (Binsheim) wählen, die eigentlich zu Rheinberg gehört. Homberg, 0 20 66, und Rheinhausen, 0 20 65 haben sogar ganz eigene Vorwahlen. Relikte aus der Zeit vor der kommunalen Neugliederung 1975.

Jack Wolfskin

4. KAPITEL

DU IN DER FREIZEIT

Der Duisburger verbringt seine Freizeit so, wie der Durchschnittsdeutsche. Die klassischen Hobbys wie Einkaufen, Sport treiben, Kulturveranstaltungen besuchen und gut essen gehen lassen sich in Duisburg von Einheimischen und Besuchern bestens ausleben und miteinander verbinden. Die leidvolle Erfahrung eines Duisburgers, der in der Republik herum kommt, sieht häufig so aus: Menschen, die berichten, dass sie aus Hamburg, München oder Leipzig kommen, erfahren spontanen, offenen Neid. Wer dagegen sagt er stamme aus dem Ruhrgebiet oder, schlimmer noch, aus Duisburg, wird mitleidigen Blickes angesehen. Manchmal folgt sogar ein als Frage formuliertes Geständnis: „Aber Du bist ja gar kein Vollprolet, wie kommt's?"

Nicht nur die Stadt, sondern auch ihre Bewohner stecken eben voller Überraschungen. Allerdings muss dabei der traurigen Tatsache Rechnung getragen werden, dass die wenigsten Thüringer, Sachsen oder Holsteiner jemals nach Duisburg kommen. Man fährt lieber nach Hamburg, München oder Leipzig. Zweifelsfrei haben diese Städte an touristischen Möglichkeiten mehr zu bieten, als Duisburg. Schon alleine, weil die touristische Infrastruktur ob der vielen Touristen stetig ausgebaut wird. Auch der Duisburg-Besucher kann die Stadt nicht in zwei oder drei Tagen kennenlernen – zumal die nahen und spannenden Ausflugsmöglichkeiten in anderen Städten auch nicht außer Acht zu lassen sind und so auch längere Ferienaufenthalte kurzweilig und abwechslungsreich sein können. Beschränken wir uns deshalb an dieser Stelle auf die Punkte, die jeder Besucher der Stadt und erst recht jeder Duisburger gesehen haben sollte.

Der Innenhafen lockt gerade bei schönem Wetter viele Besucher an.

Duisburg, Deine Sehenswürdigkeiten

Um die Sehenswürdigkeiten „abzuklappern“ bietet es sich für eine offizielle Stadtrundfahrt an, in den Cabrio-Bus einzusteigen. Die 90-minütige Tour startet am Hauptbahnhof und fährt von hier längst nicht alle, aber einige der schönsten und wichtigsten Orte der Stadt an. Von der Innenstadt geht es erst zum Innenhafen, dann zum Binnenhafen. Am Ersteren wird in Büros gearbeitet und in vielen Lokalen werden Speis, Trank und Tanzmusik angeboten. Der Binnenhafen begeistert dagegen auch von der Landseite mit seiner schieren Größe, der hochmodernen Technik und den unendlichen Containerstapeln. Von dort geht es zu Duisburgs unangefochtener Top-Sehenswürdigkeit. Dem Landschaftspark Nord. Der 1994 eröffnete, im Volksmund „Landi“ oder Lapano genannte Landschaftspark wurde im Jahr 2011 von rund einer Million Menschen besucht. Rekord! Er erfreut sich immer größerer Beliebtheit. Wohl gerade deshalb, weil hier nun wirklich für absolut jeden etwas geboten wird und der Zugang zu der spektakulären ehemaligen Industrieanlage kostenlos ist. Gemeinsam mit dem Kölner Dom, der bundesweit das beliebteste Ausflugsziel der Deutschen ist, der Zeche Zollverein in Essen sowie der Wuppertaler Schwebebahn, die allesamt in höchstens einer Stunde bequem mit dem Auto zu erreichen sind, ist der Landschaftspark die am besten besuchte Sehenswürdigkeit in NRW.

Nur wenige Orte in NRW werden von mehr Menschen besucht als der Landschaftspark Nord.

Zauberwald der Möglichkeiten

Das Thema Industriekultur ist für den gesamten Ruhrpott zur wichtigen Forschungs- und Wirtschaftsfrage geworden. Auf der „Route der Industriekultur", einem Projekt des Regionalverbandes Ruhr, sind 52 herausragende Zeugnisse der industriekulturellen Vergangenheit und Gegenwart des Ruhrgebietes zu einem spannenden und lehrreichen Netz der Informationen zusammengefasst worden. Zu den 25 Themenrouten mit spektakulärem Ausblick zählt der Alsumer Berg in Marxloh, zu den wichtigen 25 Ankerpunkten zählt neben Binnenschifffahrtsmuseum und Innenhafen der Landschaftspark. Der Nordpark ist zugleich Ankerpunkt der Europäischen Route der Industriekultur.

Kein Wunder. An kaum einem anderen Ort sind die Begriffe Industriekultur und Strukturwandel so deutlich sicht- und spürbar wie hier in Meiderich. Aus dem ehemaligen Thyssen-Hochofenwerk, das 1985 geschlossen wurde, ist in wenigen Jahren ein Zauberwald der Möglichkeiten geworden. Ob man ihn nun „nur" tagsüber staunend durchschreitet und die Größe des Areals und der alten Hochofenkulisse auf sich wirken lässt oder sich des nächtens von der Installation des britischen Lichtkünstlers Jonathan Park, die 2010 für 600.000 Euro erneuert wurde, faszinieren lässt. Ob man im Land-

Die Natur erobert sich die Industrieanlagen zurück. Ein Sinnbild für den Strukturwandel.

Über eine Million Menschen pro Jahr besuchen den Landschaftspark.

schaftspark eines der vielen Konzerte besucht, klettern oder tauchen geht, zum Mountainbiken kommt oder sich bei einer Taglicht- oder Fackelführung in die Geschichte des Ortes einweihen lässt, im 180.000 qm großen Landschaftspark ist immer etwas los.

Dabei sah es 1985 düster aus. Die Stadt verlor mit dem Hüttenwerk nicht irgendeinen Industriestandort. Eigentlich befürchtete jeder, dass hier nun auf Jahrzehnte nichts mehr anderes als eine Brache sein würde. Doch wieder bot die Internationale Bauausstellung IBA eine Alternative. Der Landschaftsarchitekt Peter Latz machte aus der Industrieruine einen Landschaftspark, wie er in Europa kein zweites Mal zu finden ist. „Mehr Park braucht kein Mensch" wirbt die Stadt so auch folgerichtig. Dabei war das Areal schon früher rasanten Entwicklungssprüngen unterworfen. Von der landwirtschaftlichen Vergangenheit die bis ins 19. Jahrhundert den Duisburger Norden und das Gelände des heutigen Landis prägte zeugt noch der Lernbauernhof Ingenhamshof.

Fledermäuse und über 60 Vogelarten

Dass ein Hüttenwerk, in dem in 82 Jahren über 37 Millionen Tonnen Roheisen produziert wurden, einmal einer der artenreichsten Flecken des Landes sein wird, hatte bis in die 90er Jahre aber niemand erwartet. Noch während der Produktion wurden mit den Kohlelieferungen unfreiwillig Pflanzensamen von überall auf der Welt nach Meiderich geliefert. Nach der Stilllegung konnten sich diese von Botanikern Neophyten genannten Pflanzen in Ruhe ausbreiten, sodass hier heute Gewächse gedeihen, die in Mitteleuropa sonst kaum zu finden sind.

Der Erzbunker ist längst zur Freeclimbing-Attraktion geworden.

Überhaupt ist der Landschaftspark nicht nur ein imposantes Industriedenkmal mit Eventcharakter – dazu zählen auch ein alpiner Klettergarten im Erzbunkerlager sowie ein Höhenkletterparcours – sondern eine Zone, in der sich die Natur wieder ausbreiten darf. An einigen Stellen ist eine regelrechte Wildnis entstanden, die von Besuchern zum Glück nicht betreten werden darf – wobei sie ohnehin längst im wahrsten Sinne undurchdringlich wäre.

Doch nicht nur die menschlichen Besucher und die Pflanzen fühlen sich im Landschaftspark wohl. Bei einer Zählung wurden mehrere Fledermausarten, Kreuzkröten und über 60 Vogelarten ausgemacht. Die Parkleitung fasst zusammen: „Im dichten Bewuchs aus Schwarzem Holunder, Eingriffeligem Weißdorn, Weiden und Brombeeren

Die grünen Weiten rund ums ehemalige Stahlwerk.

leben und brüten heute zahlreiche Vogelarten wie die Garten- und Mönchsgrasmücke, die Weiden- und Kohlmeise, die Heckenbraunelle, der Fitis, der Zilpzalp, der Gelbspötter und die Schafstelze. Selbst der Gesang der Nachtigall wurde hier schon gehört.“ Im Zuge dessen gründete die Biologische Station im Landi eine Zweigstelle.

Deutlich mehr Aufsehen erregt der Nordpark in der Öffentlichkeit aber mit der weltbekannten Lichtkunst und den Hallenkomplexen. Die „Spitze“ derer bildet auf 70 Metern Höhe die Aussichtsplattform auf dem Hochofen 5, der nur zwölf Jahre seinen Dienst verrichten konnte, ehe das Werk schloss. In der an den Seiten offenen Gießhalle, in der früher der Abstich gemacht wurde, treffen sich im Sommer täglich bis zu 1.000 Menschen zum Sommerkino. Aber auch die Kraftzentrale und die Gebläsehalle wurden zu multifunktionalen Veranstaltungsorten umgebaut. In der 170 Meter langen Kraftzentrale finden fast 4.000 Menschen Platz. Hier fanden bereits große Messen, Staatsempfänge, Rockkonzerte, Galas oder Mountainbike-Meisterschaften statt.

Doch auch die Außenflächen bieten Allerhand. Der 545 qm große Gießhallenvorplatz kann überdacht werden. Der Bunkervorplatz macht mit seinen 17.500 Quadratmetern sogar Festivals möglich. Und ständig kommen neue Attraktionen hinzu. So wurde 2012 die Erzbunkeranlage um eine weitere Lichtinszenierung ergänzt.

Das Stahlwerk hat riesige Ausmaße (links). Auf dem Nachhauseweg vom Sportpark (rechts).

Wer sich von diesen vielfältigen Möglichkeiten erst später überzeugen möchte, bleibt freilich sitzen, wenn der Bus seine Stadtrundfahrt fortsetzt. Von Meiderich geht es zum Thyssen-Krupp-Areal, das wie eine Großstadt in der Großstadt wirkt. Ganz anders, geradezu beschaulich wirkt dagegen der Sportpark in Neudorf. Auf 200 Hektar, darunter 56 ha Wasserfläche, erstreckt sich einer der größten Sportparks in Deutschland entlang der Waldmeile um die Regattabahn und ihre Seen.

Tiger & Turtle wurde binnen kürzester Zeit zu einem der neuen Lieblingsplätze vieler Duisburger.

Begehbar – bis auf den Looping

Während viele der zahlreichen Naturerlebnisräume einfach nur für sich stehen und mit ihrer Ruhe und Vielfalt das Leben

Die Landmarke und begehbare Großskulptur ist eine der jüngsten Attraktionen.

in der Stadt bereichern, füllt die Geschichte anderer ganze Bände. Nehmen wir hierfür eines der jüngsten Symbole der Stadt zum Beispiel. Die begehbare Großskulptur hat ebenso wie ihr Untergrund einen sperrigen Namen: Bei „Tiger & Turtle – Magic Mountain" zeigten die Stadtväter einen crazy Hang zum Neusprech. Doch vielleicht muss das so sein, denn schließlich haben Achterbahnen nun einmal meistens abgefahrene englische Namen. Und die Tiger- und Schildkröten-Landmarke sieht einer Achterbahn tatsächlich zum Verwechseln ähnlich. Genau so war es gedacht. Das zwei Million Euro teure Bauwerk der Künstler Heike Mutter und Ulrich Genth hat seine Wurzeln im Kulturhauptstadtjahr 2010 und ist im Licht und im Dunkeln ein neuer Glanzpunkt im Stadtbild. Tagsüber können die Besucher von dem 90 Tonnen schweren und gut 20 Meter hohen Wahrzeichen bei klarem Wetter weit über Ruhrgebiet, Niederrhein und Rheinland gucken – bis auf den Looping ist Tiger & Turtle auf 220 Metern begehbar. Nachts wird das monumentale Bauwerk von 880 LED-Modulen weithin sichtbar erleuchtet. Ein echter Blickfang. Zumal die Großskulptur auch noch auf einem Hügel steht.

Die Heinrich-Hildebrand-Höhe, benannt nach einem 2004 verstorbenen Stadtteil-Chronisten aus Wanheim, ist 67 Meter über NN hoch und liegt 35 Meter höher, als die vorbeiführende Straße. Zur Eröffnung von Tiger & Turtle brachte es Fritz Pleitgen, Vorsitzender der Geschäftsführung der Ruhr 2010 GmbH (mehr über sich erzählt er auf

Seite 212), auf den Punkt: „Hier wurde eine No-go-Area in ein modernes Denkmal der Industriekultur umgewandelt.“ Denn die Halde und ihr Umfeld haben es im wahrsten Sinne des Wortes in sich. Früher, das heißt bis 2005, war das heutige Naherholungsgebiet, das mit rund fünf Kilometer Wegenetz auch für Freizeitsportler ein beliebter Anlaufpunkt ist, Industriefläche. Hier produzierte die Metallhütte Duisburg MHD über Jahrzehnte. Als sie 2005 pleiteging, blieben nicht nur über 300 verzweifelte Arbeitnehmer und jede Menge Zulieferfirmen zurück, sondern auch ratlose Stadtplaner.

Was alle ahnten wurde schnell traurige Gewissheit. Diese wich dem Schock. Das MHD-Areal war weitflächig durch die jahrelange Verhütung von Zinkerz regelrecht verseucht und schien unrettbar verloren. Doch erstaunlich schnell reifte ein tollkühner Plan, der bereits drei Jahre später nahezu komplett umgesetzt war. Für rund 50 Millionen Euro, die überwiegend vom Land bereitgestellt wurden, entstanden auf einer Fläche von 14 Hektar der heutige Angerpark sowie – auf der anderen Straßenseite – eine neue Logistikfläche direkt am Rhein. In Spitzenmonaten besteigen 25.000 Besucher Tiger & Turtle. Ein toller Erfolg, der jedoch auch die Frage aufwirft, warum der einzige schwerwiegende Fehler in der Planung noch immer nicht korrigiert wurde. Rund um die recht abgelegene Achterbahn mangelt es erheblich an Parkplätzen.

Kunst wie am Centre Pompidou

Die Achterbahn im Angerpark hat sich in der Kürze der Zeit schnell zum Postkartenmotiv entwickelt. Platz 1 in dieser Kategorie nimmt aber weiterhin ganz klar ein Motiv ein, das dafür sorgt, dass Paris-Besucher aus Duisburg am Centre Pompidou unweigerlich an zuhause denken. Hier wie dort fällt der Blick auf die schrille Kunstfigurenwelt der Niki de Saint Phalle. Als der quietschbunte Vogel, an dessen Hals eine Gerettete hängt, Anfang der 90er Jahre auf der markanten Innenstadtkreuzung landete, war die Begeisterung der Duisburger verhalten. 20 Jahre später ist bei den meisten die Liebe zum Lebensretter-Brunnen (Lifesaver) voll entbrannt. Die gut

Der Lifesaver-Brunnen ist „das“ typischste aller Innenstadtmotive.

Die Brunnenmeile entlang der Königstraße ist ein Quell der Erfrischung und Freude.

An vielen Stellen in der City plätschern Brunnen.

sieben Meter hohe Brunnenfigur dient wie die Landmarke Rheinorange so gut wie immer als Motiv, wenn die Stadt Duisburg im Bild vorgestellt werden soll. Gerade an Sommertagen ist der Brunnen nicht nur Erfrischungsstelle für Hunde und Kinder sondern auch begehrtes Fotomotiv.

Die Stelle ist übrigens ein Traditionsstandort für Skulpturen. Ab 1905 bis in die Wirren des Zweiten Weltkrieges blickte Reichskanzler Otto von Bismarck hier über die Innenstadt. Der Lifesaver ist bei Weitem nicht der einzige Brunnen der Innenstadt. Die Königstraße ist bis hinab zum Steiger Schwanentor eine wahre Brunnenmeile. Ganz am östlichen Anfang der Innenstadt steht der große im Volksmund Waschmaschine genannte namenlose erste Brunnen, die Meile er-

Der Ratssaal ist mit bunten Fenstern geschmückt.

streckt sich bis hinunter zum Delphinbrunnen am Ende der Münzstraße. Dazwischen stehen inklusive Lifesaver fünf weitere Brunnen, zudem wurde mit der Eröffnung des Einkaufszentrums Forum ein Wasserspiel errichtet. Vor allem im Sommer ein Highlight in der City. Noch mehr Brunnen in der Innenstadt finden sich vor dem IHK-Gebäude am Hauptbahnhof (Ankerbrunnen), am Ende des Sonnenwalls (Manneken Pis) sowie am Rathaus (Mercatorbrunnen).

Duisburg ist eben auch hier eine Wasserstadt, wenngleich in Zeiten klammer Kassen schon mal darüber diskutiert wurde, die Brunnen im Sommer nicht mehr plätschern zu lassen. Aber man muss nicht jeden Vorschlag bis zum Ende diskutieren, um ihn als Mumpitz zu entlarven.

Spätgotische Basilika

Die Innenstadt ist voll mit vielen weiteren Gebäuden, deren Geschichte und Winkel es sich zu entdecken lohnt. Da wäre das erst 1902 im Stile des Historismus fertig gestellte Rathaus, das neben der majestätischen und wirklich alten Salvatorkirche jedoch deutlich betagter wirkt. Das Rathaus ist auch innen ein Hingucker. Stuckarbeiten, prachtvolle Möbel und Gemälde und einer der letzten funktionierenden Paternoster (Umlauf-Personenaufzug). Daneben steht die Salvatorkirche.

1610 wurde in der Salvatorkirche die evangelische Kirche am Niederrhein gegründet.

Prachtvolle Sitzecke im Rathaus (links). Ein freier Blick auf die Salvatorkirche ist leider nicht möglich (rechts).

Die wunderschöne spätgotische Basilika gehört zur evangelischen Gemeinde Alt-Duisburg. In ihr fand 1610 die erste Generalsynode nach der Reformation statt. Sozusagen die Geburtsstunde der Evangelischen Kirche am Niederrhein.

Schon im 9. Jahrhundert soll an dieser Stelle eine Kapelle gestanden haben. Die Deutschen Ordensritter legten vermutlich um 1316 den Grundstein der heutigen Kirche. Im Laufe der Jahrhunderte, zuletzt im Zweiten Weltkrieg, wurde vor allem der Turm der Kirche mehrfach zerstört und wieder aufgebaut.

Bei der jüngsten Sanierung, die 1960 abgeschlossen war, wurde die einst 112 Meter hohe Kirchturmspitze nicht mehr erneuert. Der abgebrochene Turm ist ein Mahnmal gegen den Krieg. Heute misst der Turm 90 Meter. Neben Gerhard Mercator liegt auch der Gründungsrektor der Alten Duisburger Universität Johannes Clauberg in der Salvatorkirche begraben.

Das älteste erhaltene Gebäude ist ein Rittergut

Geschichtsträchtiges Gemäuer findet sich auch in Huckingen. Hier steht mit dem Steinhof das älteste erhaltene Gebäude der Stadt. Ein Teil dieses ehemaligen Rittergutes, das heute als Kulturzentrum und Veranstaltungssaal dient, stammt aus dem späten 12. Jahrhundert. Um das Gut ranken sich bis heute „Raubritter"-Sagen, die bislang jedoch von den Stadtarchäologen nicht bewiesen werden konnten. Auch der unterirdische Verbindungsgang zum nahe gelegenen Gut Böckum, die letzte noch erhaltene Wasserburg Duisburgs, wird noch gesucht. Gemeinsam mit Biegerhof, Haus Remberg, Rittergut Kesselsberg, Sandmühle und Haus Angerort sowie mit dem zu Düsseldorf gehörenden Rittersitz Groß-Winkelhausen bilden diese nahe beieinander liegenden Bauwerke noch heute – auch wegen ihrer Nähe zum Angerbach nebst Wanderwegen – ein tolles Ausflugsziel für

Historische Gasse zwischen Innenhafen und Innenstadt.

Der Steinhof in Huckingen ist das älteste Gebäude der Stadt.

Das älteste erhaltene Wohnhaus der Stadt beherbergt heute ein Restaurant.

Geschichts- und Naturinteressierte. Und wie die Geschichte der Stadt überhaupt in vielen Büchern beschrieben steht, gibt es auch hier zahlreiche Veröffentlichungen, die in das späte Mittelalter entführen und die Gebäude dabei näher vorstellen.

Das älteste noch erhaltene Wohnhaus der Stadt ist das Dreigiebelhaus. Wer davor steht, muss nicht überlegen, warum es diesen Namen trägt. Es wurde 1536 erstmals urkundlich erwähnt und beherbergt im Erdgeschoss heute ein Restaurant. Bis 2011 lebten darüber über 35 Jahre die Lehmbruck-Stipendiaten. In früheren Zeiten war das Dreigiebelhaus bereits Textilfabrik und Schulhaus.

Gut erhaltene Stadtmauer aus dem 12. Jahrhundert

An das mittelalterliche Duisburg erinnern auch die zahlreichen gut erhaltenen Überreste der alten Stadtmauer aus dem 12. und 13. Jahrhundert. Im Mittelalter umspannte sie die heutige Altstadt komplett. Laut Corputius-Plan war sie rund 2,4 Kilometer lang und wurde von 21 Türmen aus bewacht. Darunter auch die Türme an den vier Stadttoren – Kuhtor, Stapeltor, Schwanentor und Marientor, die alle Anfang des 19. Jahrhunderts abgerissen wurden –, nach denen heute aber noch Straßen, Plätze oder Brücken benannt sind.

Die Stadtmauer war über Jahrhunderte die Stadtgrenze. Erst ab 1820 wurden Häuser außerhalb der Mauer gebaut. Noch immer zählt die Befestigungsanlage zu den am besten erhaltenen Stadtmauern in Deutschland. Vor dem Zweiten Weltkrieg standen von ihr noch rund 80 Prozent, heute ist immerhin noch gut ein Viertel der mittelalterlichen Wehranlage erhalten und nach umfangreichen Sanierungsarbeiten in den vergangenen Jahren recht gut im Schuss. Eine nächtliche Beleuchtung, wie sie seit 2009 diskutiert wird, wird aus Geldgründen jedoch wohl ausbleiben.

Links neben der alten Stadtmauer der Innenhafen, rechts Wohnhäuser.

Nach Sanierungsarbeiten ist die Stadtmauer an vielen Stellen wieder bestens im Schuss (links). Im Garten der Erinnerung zeugen alte Gebäude von vergangenen Zeiten (rechts).

Das imposant in Szene gesetzte Jüdische Gemeindezentrum.

Dennoch zählen die Stadtmauer – und ihre lange Geschichte – zu jenen Sehenswürdigkeiten, mit denen sich auch die Einwohner viel zu wenig auseinandersetzen. Am eindrucksvollsten ist der Koblenzer Turm, der bezeichnenderweise Am alten Wehrgang steht und einer der ganz wenigen Türme ist, die noch gut erhalten sind. Der mehreckige Ziegelbau hat einen Umfang von über 20 Metern und war zu seinen besten Zeiten über 20 Meter hoch.

Im Schatten der Stadtmauer liegt am Innenhafen der Garten der Erinnerung. Der 1999 vom israelischen Star-Landschaftsgestalter Dani Karavan konzipierte Park wird durch einige Gebäudefragmente geprägt, die an die Zeit erinnern, als der Innenhafen noch keine Freizeit- und Bürofläche war. In der Nachbarschaft befinden sich das ebenfalls 1999 eingeweihte architektonisch außergewöhnliche jüdische Gemeindezentrum mit Synagoge der Gemeinde Duisburg-Mülheim-Oberhausen und der Yitzhak Rabin-Platz, der an den 1995 ermordeten israelischen Ministerpräsidenten erinnert und der von seiner Witwe Leah persönlich eingeweiht wurde. Das Gemeindezentrum wurde in der Nähe des Standortes der Synagoge gebaut, die 1938 in der Pogromnacht von Nazis zerstört wurde.

TRAURIGES KAPITEL DER STADTGESCHICHTE In Meiderich wurde 1942 eine KZ-Außenstelle errichtet. Das erst dem Konzentrationslager Sachsenhausen, später dem KZ Buchenwald unterstellt war. Die Eingesperrten mussten bei den Aufräumarbeiten nach Bombenangriffen helfen. 1943 wurde das KZ in die Innenstadt verlagert. 1944 wurde es bei einem Angriff zerstört. 50 Insassen kamen um. Obwohl es in Duisburg seit vielen Jahren geplant ist, gibt es noch kein NS-Dokumentationszentrum.

Das „Wunder von Marxloh“

Ein anderer imposanter Sakralbau einer Weltreligion ist wenige Jahre jünger und liegt im Duisburger Norden. Die im traditionell osmanischen Stil erbaute, 2008 fertig gestellte Merkez-Moschee in Marxloh ist eine der größten Moscheen Deutschlands. Und eine der schönsten. In Marxloh siegte das bürgerschaftliche Miteinander von Muslimen und Nicht-Muslimen gegen die Ressentiments der Deutschtümelei.

Der Bau der Moschee mit Begegnungsstätte, Bibliothek und einem 34 Meter hohen Minarett ging im Gegensatz zu anderen Großstädten, wo islamkritische Strömungen für Unruhe sorgen, derart reibungslos über die Bühne, dass das Projekt als „Wunder von Marxloh“ bundesweite Berühmtheit erlangte.

Die Merkez-Moschee in Marxloh.

ABTEI HAMBORN Die Abtei Hamborn ist ein Prämonstratenserkloster zu deren Konvent rund 25 Ordensbrüder zählen. Etwa die Hälfte wohnt dauerhaft im Kloster. Die Geschichte der Abtei ist fast so alt, wie die Geschichte der Stadt Duisburg. Im 9. Jahrhundert wurde, so ist es belegt, in Havenburn, dem heutigen Hamborn, eine Pfarrkirche gegründet. 1170 wurde die heutige Abtei zum Kloster geweiht. Zuvor musste die kleine Kirche umgebaut werden, in der Zeit entstand der romanische Kreuzgang. Sehenswert auch die vielen kirchlichen Geräte, Kleidungsstücke und Ausgrabungsfunde, die in der Schatzkammer zusammengetragen wurden, die Abteikirche St. Johann und das über 500 Jahre alte Anna-Selbdritt. In der Abtei ist das moderne Leben jedoch stets spürbar. Bis 2011 wurde ein moderner, aber sich perfekt ins das alte Bild einpassender 1.900 qm großer Neubau errichtet. Das Kloster war seit Jahrhunderten ein wirtschaftliches und kulturelles Zentrum der Stadt. Weiterhin nehmen die Chorherren oft und gerne an gesellschaftlichen Ereignissen in der Stadt Anteil – sie wirken im Karneval mit oder laufen Marathon – und engagieren sich in den Stadtteilen Hamborn und Marxloh verstärkt seelsorgerisch. Modern sind auch die Fenster in der Abteikirche und der Bronzebrunnen im Innenhof.

Die Moschee ist innen prachtvoll geschmückt.

Neben Jüdischem Gemeindezentrum, Moschee und Salvatorkirche ist die Abtei Hamborn ein absolutes Muss für jeden, der Duisburg besucht oder hier wohnt. Regelmäßig werden Führungen durch Abteikirche, Kreuzgang und Schatzkammer angeboten. Die Hausherren unterhalten sogar ein eigenes Tourismusbüro, das Rundgänge nicht nur durch die Abtei, sondern auch durch den Stadtteil organisiert und auch Rundfahrten anbietet.

Über 60 katholische und evangelische und rund ein Dutzend neuapostolische Kirchen gibt es darüber hinaus in Duisburg zu entdecken. Höher als die höchsten Kirchtürme sind in Duisburg nur wenige Häuser.

Duisburgs Skyline wird kaum von Hochhäusern dominiert. Ein schöner Blick auf einen Teil der Himmelslinie bietet sich vom Innenhafen.

Kirchen und Kamine bilden die Skyline

Wahre Wolkenkratzer sucht man hier bis heute vergebens. Das neue Landesarchiv am Innenhafen ist mit 78 Metern das höchste Gebäude der Stadt. Der Targo Bank-Tower am Hauptbahnhof misst gute 72 Meter ist aber für die Öffentlichkeit in den oberen Etagen ebenso wenig zugänglich wie das nur ein paar hundert Meter entfernte 63 Meter hohe Hoist-Haus.

Wer den Duisburger nach einem Hochhaus fragt, bekommt jedoch meistens eine von zwei Antworten: Knapp 60 Meter misst Duisburgs erstes Hochhaus überhaupt im Eingangsbereich der Innenstadt. Es entstand in den späten 1950er Jahren und wird im Volksmund noch immer Kalderoni-Hochhaus genannt, obwohl der Namensgeber, ein Nobel-Möbelhaus, bereits in den 1970er Jahren pleiteging. Oder der Duisburger meint die sechs „weißen Riesen" in Hochheide aus dem Jahr 1974. Der Wohnblock taugt aber eher weniger als Sehenswürdigkeit. Es sei denn, man hat das Glück und kennt jemanden, der in einem der Riesen – vorzugsweise im zum Mehrgenerationenhaus modernisierten „Roten Riesen" – weit oben wohnt und einen fantastischen Ausblick über Stadt und Niederrhein sein Eigen nennt.

Der alte Krupp wacht noch heute in Rheinhausen.

ARBEITERSIEDLUNGEN Sie entstanden im ausgehenden 19. und frühen 20. Jahrhundert überall in Deutschland und besonders häufig im florierenden Ruhrgebiet. Zum einen sahen die großen Industrieunternehmen einen Sinn darin, den Arbeitern in der Nähe der Arbeitsplätze für damalige Verhältnisse sehr ansprechenden Wohnraum zu schaffen, doch auch gemeinnützige Bauvereine beteiligten sich an dem Vorhaben, den Arbeiterfamilien zu einem gemütlichen und zweckmäßigen Zuhause zu verhelfen. Basierend auf der aus England kommenden Gartenstadtbewegung entstanden so vor allem Ein- und Zweifamilienhäuser, in denen die Mieten wegen des Genossenschaftsmodells langfristig niedrig blieben und in denen die Familien dennoch in einer Umgebung gedeihen konnten, in denen Wohnraum und Freizeitflächen keine Mangelware waren.

Dabei ist die Ansammlung von vielen Wohneinheiten auf überschaubarem Raum eine der historischen Stärken der Stadt. Siedlung; das ist etwas, das die Menschen im Ruhrgebiet kennen, können – und lieben.

Eine der berühmtesten und schönsten Siedlungen in Duisburg ist die seit 1999 zu großen Teilen unter Denkmalschutz gestellte Margarethensiedlung (benannt nach Margarethe Krupp) in Rheinhausen. Beispiele für die Gartenstadtsiedlungen sind überall in Duisburg zu finden. Etwa in der Märchensiedlung in Neudorf, in Wedau oder in Bissingheim. Die ehemaligen Arbeitersiedlungen sind längst zu den beliebtesten – und verhältnismäßig teuren – Wohnvierteln geworden.

Eine der Routen der Industriekultur widmet sich den Industriekultursiedlungen und führt an fünf weiteren Arbeitersiedlungen entlang, die noch heute eine sehr hohe Wohnqualität und häufig ein enges Gemeinschaftsgefühl der Anwohner auszeichnet. Darauf, aus dem Dornröschenschlaf geweckt zu werden, wartet dagegen noch die Beamtensiedlung Bliersheim. Hier in Friemersheim entstanden ab 1903 17 prachtvolle und reich verzierte Villen für das Führungspersonal der Krupphütte, von denen noch neun erhalten sind, aber nur eine saniert ist. Die anderen acht denkmalwerten Häuser sollen in den kommenden Jahren eine neue repräsentative Nutzung bekommen.

Ein architektonisches Kleinod ist die Einschornsteinsiedlung rund um die Gabrielstraße in Neudorf. Ihr ging zwar 2006 das alte Waschhaus nebst Heizwerk verloren, doch ihren Charme hat die Bauhaussiedlung damit nicht verloren. Die Straßenzüge mit 360 Wohnungen und 81 Einfamilienhäusern entstanden ab 1928. Die Häuser besaßen – damals sensationell – keine Dachböden, stattdessen war das zentrale Waschhaus gebaut worden, in dem es Werkstatt, Badehaus, Gaststätte, Festsaal und Kindergarten gab. Wer Bauhaus mag, wird in dieser waldnahen Siedlung fündig.

Viele Siedlungen sind denkmalgeschützt – auch die Einschornsteinsiedlung.

Gegenentwurf der Arbeitersiedlungen

Einen beschaulichen 20-minütigen Waldspaziergang von hier entfernt findet sich außerdem das opulente Gegenstück zu den Arbeitersiedlungen. Das unter Denkmalschutz stehende Haus Hartenfels wurde vom Stahlunternehmer Peter Klöckner, an ihn erinnert auch heute noch die Klöcknerstraße neben dem ehemaligen Klöcknerhaus (heute Silberpalais), auf Duisburgs höchstem Punkt ab 1911 errichtet. Ursprünglich hatte der Jagdliebhaber Klöckner hier mitten im Wald sogar einen noch prunkvolleren neoromanischen Landsitz geplant, doch der burgengleiche Erstentwurf wurde nicht realisiert. Dennoch hat das schließlich im Stil des Späthistorismus erbaute Haus Hartenfels nach wie vor einen mondänen Charme. Zu besichtigen ist es leider nur vom Gartenportal aus. Nach dem Auszug der Familie verfiel das Haus, das nach dem Zweiten Weltkrieg zeitweise von bis zu 250 Flüchtlingen bewohnt wurde, zusehends. Von außen wurde es in den 1980er Jahren wieder instand gesetzt. Seit Jahren halten sich nun bereits die Spekulationen, das prachtvolle Gebäude an der Stadtgrenze zu Mülheim an der Ruhr solle zum Luxus-Wohntempel umgebaut werden. Interessenten gibt es jede Menge. Noch hapert es an der Frage, auf welchem Weg das Anwesen angesteuert werden kann.

Ein Haus mit 1000 Fenstern?

Der Bau des Tausendfensterhauses war ein Politikum.

Nur wenige Jahre nachdem der Großindustrielle Klöckner seinen Landsitz verwirklicht hatte, entstand an anderer Stelle ab 1922 ein markanter Bau. Auch das Tausendfensterhaus, das bis heute majestätisch den Ruhrort-Besucher hinter der Brücke empfängt, sollte Wohlstand demonstrieren. Zwar fällt der Backsteinexpressionismus nicht in erster Linie durch Detailreichtum auf, doch das als Verwaltungsgebäude konzipierte Haus war damals ein echtes Politikum von internationaler Bedeutung und machte Duisburg bekannt. Der in einem aufwändigen Architektenwettbewerb gekürte Siegerentwurf ärgerte die Franzosen und Belgier. Beide Länder gingen Anfang der 1920er Jahre gegen Deutschland – und hier vor allem das wohlhabende Ruhrgebiet vor – und drängten darauf, dass die im Versailler Vertrag festgeschriebenen Kriegsentschädigungen gezahlt werden.

Seit über 100 Jahren in der City zuhause: Das Land- und Amtsgericht.

Das Haus Ruhrort, so der offizielle wenig verbreitete Name, stand dabei symbolisch für das Wiedererstarken der deutschen Montanindustrie. 1996 wurde es saniert und wird seitdem von verschiedenen Firmen genutzt. Den Namen hat dieses Duisburger Baudenkmal übrigens von den langen gleichförmigen Fensterreihen. Generationen von Duisburger Lehrern haben ihren Schüler übrigens die Aufgabe gestellt herauszufinden, wie viele Fenster es denn nun sind. Das schlichte Ergebnis 1000 wurde dabei nie mit einer ausreichenden Note bewertet. Tatsächlich zählt das Gebäude nebst Anbau „nur“ etwas mehr als die Hälfte.

„Deutsches Linoleum-Museum“

Sehenswerte Gebäude gibt es noch eine ganze Menge mehr in Duisburg: Zum Beispiel das über 100 Jahre alte Amts- und Landgericht (Spitzname wegen des abwechslungsreichen Fußbodenbelags: Deutsches Linoleum-Museum), Stadthaus, Folkwang-Musikschule oder das alte Reichsbankgebäude. Sie alle stehen in der Innenstadt. Doch in allen sieben Stadtbezirken gibt es weitere Entdeckungen zu machen. Erwähnenswert vor allem: Die Mühlen.

Mühlen gibt es nicht nur in Holland

Zur Zeit als Duisburg die Kornkammer des Ruhrgebietes war, wurde hier im großen Stil Getreide gelagert, verladen und gemahlen. 15 Speicher standen am heutigen Innenhafen. An diese – nur rund 40 Jahre zurückliegende – Zeit erinnert noch der Name des Kunstmuseums Küppersmühle. Auch der Stadtteil Neumühl hat seinen Namen

Früher gab es sie dutzendweise, heute gibt es nur noch sechs Windmühlen.

INSIDERTIPP: Das Friemersheimer Stellwerk zählte einst zu den größten in ganz Deutschland. Heute gibt es hier im „Stellwerk-Hof" in sehr ruhiger Lage eines der umfassendsten Freizeitangebote für Groß und Klein. Ein gutbürgerliches Restaurant, ein riesiger Biergarten, ein Spielplatz, ein Streichelzoo und die Möglichkeit eine Radtour gemütlich zu unterbrechen. Der alte Eisenbahnercharakter ist jedoch von außen und innen weitgehend erhalten geblieben.

von einer Mühle. Die Neue Mühle, die, als der Kohleunternehmer Daniel Morian sie 1864 kaufte, nur noch Morian'sche Mühle genannt wurde, stammt aus dem 14. Jahrhundert und ist neben der Sandmühle die letzte erhaltene Wassermühle. Durch viel bürgerschaftliches Engagement ist die Mühle heute wieder gesellschaftlicher Anlaufpunkt. Der Sportverein TuS Hamborn-Neumühl hat sie Ende der 1970er Jahre zum Vereinszentrum umgebaut. Darüber hinaus gibt es noch sechs erhaltene Windmühlen in Duisburg. Früher waren es viel mehr.

Allein im 19. Jahrhundert sollen 30 Mühlen abgerissen worden sein. Deutschlandweit sind nur noch rund 400 historische Mühlen erhalten. Gleich zwei Mühlen dicht beieinander finden sich noch heute in Baerl. Die Lohmann-Mühle von 1805 und die Lohmühle von 1834 (Loh ist das veraltete Wort für Wald). Seit 2007 bemüht sich ein extra gegründeter Verein, die Lohmühle wieder in Betrieb zu nehmen. 2011 gelang es ihm bereits die Mühlenkappe komplett zu restaurieren und zurück auf den steinernen Gebäudekorpus zu setzen. Die älteste erhaltene Mühle steht in Bergheim und ist zu einem Restaurant umgebaut. Die größte Mühle am gesamten Niederrhein überhaupt stand übrigens bis zu ihrem Abriss 1968 in Rumeln-Kaldenhausen. Geschäftiges Treiben gab es früher auch am Stellwerk in Friemersheim, das gleichzeitig einen herrlichen Ausflugspunkt mit Einkehrmöglichkeit für die ganze Familie und damit einen wunderbaren Übergang zum nächsten Thema darstellt.

Die Arche am Kaiserberg

Doch wenn hier schon vom Streichelzoo die Rede ist, ist jetzt die Zeit gekommen, um von einer der schönsten, größten, beliebtesten, meistbesuchten und abwechslungsreichsten Sehenswürdigkeiten in Duisburg überhaupt zu sprechen. Vom Zoo. Je nachdem wie man zum Thema Tierhaltung im Zoo steht kann man hier einen absoluten Lieblingsplatz im Stadtgebiet finden oder man kommt wahrscheinlich nie her. Gehen wir also an dieser Stelle einfach davon aus, dass Sie Zoos mögen. Wenn dem so ist,

Im Streichelzoo können Kinder den Umgang mit Tieren erlernen.

Die Delfinshow gehört zu jedem Zoobesuch.

werden Sie sich in den Duisburger Zoo ganz sicher verlieben. Zwar ist die Arche am Kaiserberg in den Jahrzehnten seit der Neugründung nach dem Zweiten Weltkrieg in einigen Bereichen in die Jahre gekommen, doch die ständigen Bauarbeiten sorgen dafür, dass der Zoo immer wieder moderne, den neuen zoologischen Standards angepasste Gehege baut oder alte erweitert. Die mit 16 Hektar recht große Grundfläche ist ein Plus, die Lage zwischen Stadtwald, Universität und Autobahn bringt dagegen den Nachteil mit sich, das kaum Erweiterungsflächen zur Verfügung stehen. Doch etwas geht ja fast immer. 2012 konnte der Zoo sein Gelände in den Kaiserberg-Wald hinein um 1.200 Quadratmeter erweitern. Hier bekamen die bis dahin nicht artgerecht untergebrachten Luchse, Wildkatzen und Uhus – ausgerechnet die Tiere, die hierzulande auch in der freien Wildbahn vorkommen – bessere Gehege.

Das 1962 eröffnete Affenhaus, heute „Äquatorium", war damals das größte der Welt und wartet heute, obwohl in den vergangenen Jahren schon vieles geschehen ist, auf seine grundlegende Modernisierung. Diese längst hinter sich hat das Delfinarium. In einem drei Millionen Liter fassenden Seewasserbecken, das größte seiner Art in Deutschland, leben Große Tümmler und fühlen sich so wohl, dass der Zoo und mit ihm die Duisburger sich immer wieder über Nachwuchs freuen können. Absolut unvergesslich ist für jedes Kind eine Fahrt im vom Chef-Delfin gezogenen Boot. Unvergesslich wird der Besuch aber auch für jeden in den vorderen Reihen, weil … ach, finden Sie es selbst heraus! Neu gestaltet ist auch das „Rio Negro", das ein Stück des südamerikanischen Regenwaldes darstellt.

Absolut sehenswert sind zudem das Koalahaus, nirgendwo sonst in Deutschland sind diese Tiere zu sehen, die Fossaanlage mit den aus Madagaskar stammenden Raubkatzen, die Lemureninsel, das Giraffengehege, die Schlafhöhle der Wombats, das neue Riesenottergehege, das Tigergehege, wo 2011 nach langem Warten ein Junges das Licht der Welt erblickte, die 2012 neu gestaltete Bärenanlage und so vieles mehr. Und natürlich auch der Streichelzoo, der seit der Neueröffnung 2011 Erlebniswelt heißt und wirklich seines Gleichen suchen muss.

Für die Koalabären wird das Futter extra aus Australien eingeflogen.

Schon immer herausragend war und ist der Kinderspielplatz (geblieben). Schon alleine wegen ihm lohnt sich eine Familienjahreskarte für den Zoo immer. Der Zoo machte seit seiner Gründung 1934 regelmäßig von sich Reden. Weil hier mehrere Säugetierarten deutschlandweit zum allerersten Mal gezüchtet werden konnten, weil 1988 der noch immer bezaubernd-schöne chinesische Garten eröffnet wurde oder weil 1966 ganz Fernseh-Deutschland mitfieberte, wie Zoodirektor Wolfgang Gewalt den Weißen Wal „Moby Dick" versuchte einzufangen, der sich damals in den Rhein verirrt hatte, Tage später aber wieder ins offene Meer schwamm. Heute zählt der Zoo jährlich rund eine Million Besucher. Die meisten, laut Zoo 80 Prozent, kommen nicht aus Duisburg. Insgesamt leben im Zoo über 2.500 Tiere aus rund 270 Arten.

Lediglich eine lebensechte Nachbildung – aber fast genauso faszinierend.

Pro Jahr werden von ihnen rund 250.000 Kilogramm Heu, 40.000 kg Fleisch, 2.000 kg Mehlwürmer und sehr, sehr viel Grünzeug vertilgt. Aber Sie merken es! Es muss nun endlich um Essen gehen. Um Essen und Trinken in Duisburg versteht sich.

Der schwimmende Diebels-Biergarten im Innenhafen ist eine von vielen Möglichkeiten, Tag und/oder Abend zu genießen.

Duisburg kulinarisch (und in der Nacht)

Der Ruhrpöttler, so will es das Klischee, trägt sein Herz häufig auf der Zunge. Das mag stimmen. Noch viel lieber ist ihm auf selbiger aber eine anständige Bratwurst. Oder ein deftiger Pfefferpotthast, Panhas oder Endivien untereinander, Kartoffelsalat (hier bei uns selbstverständlich mit Mayonnaise) mit Gurke und Räucheraal oder Reibekuchen mit Rübenkraut. Und auch Steckrüben- oder Weißkohleintöpfe gehören zur klassischen Küche am Niederrhein und im Ruhrgebiet. Da, wo viel und hart gearbeitet wird, wurde eben schon immer herzhaft gegessen. „Wer einen guten Braten macht, hat auch ein gutes Herz", brachte es Wilhelm Busch auf den Punkt.

Die Integration kam durch die Küchen

Aber weil die Zeit nun einmal nicht stehen bleibt, kommt auch in Duisburg längst viel mehr auf die Tische. Völlig neue Geschmacksrichtungen und Zutatenkompositionen brachten die Gastarbeiter mit. Italiener, Türken, Spanier, Jugoslawen, Griechen und Menschen aus vielen anderen Ländern mussten sich zuerst viele Vorurteile anhören, doch schließlich setzte sich der gute Geschmack durch. 1971 (18 Jahre nach einem Pionier in Würzburg) eröffnete Bruno Salotti eine der ersten Pizzerien des Ruhrgebiets in Duisburg. Nachdem er die ersten Monate fast ohne Kunden überstanden hatte und auch schon mal ziemlich trockene Pizza – weil auf ausdrücklichen Wunsch ohne Tomatensauce gebacken – überstanden hatte, war der Einwanderer aus der Toskana bald

Ein kühles Getränk im Freien kann man in unzähligen Biergärten genießen.

Auch ein Eisverkäufer braucht mal ein Päuschen.

ein gemachter Mann. Schnell folgten weitere Lokale. Heute ist das „Costa Azzurra“ in Neudorf, eröffnet 1978, das älteste italienische Restaurant der Stadt.

Doch nicht nur Pizza und Pasta erweiterten die Lieblingsspeisenlisten der Duisburger. Schon früh gab es andere „exotische“ Restaurants. Balkanrestaurants eröffneten und blieben und andere europäische Kulturen stellten den Duisburgern mehr und mehr Geschmackserlebnisse vor. Erst danach kamen die chinesischen Restaurants – damals übrigens noch ganz ohne All-you-can-eat-Buffet. In Marxloh wurde das „Ankara“ zum Anlaufpunkt für Liebhaber der türkischen Küche schon lange ehe der Döner seinen Siegeszug antrat.

In einem der ersten türkischen Bistros in der Innenstadt trafen die Kulturen Anfang der 1980er Jahre aufeinander, als sich der Betreiber weigern wollte, Frauen ohne männliche Begleitung zu bedienen. Heute, wo an fast jeder Straßenecke eine Dönerbude steht, undenkbar. Wobei diese Entwicklung sicher nicht nur mit der heutigen Quantität an Dönerbuden, sondern durch die gelungene Integration der vergangenen 30 Jahre zu begründen ist.

Die beste Currywurst der Stadt

Generell gibt es – wie fast überall – auch in Duisburg inzwischen viel mehr Bistros oder Imbisse denn Restaurants. Das hat aber häufig nichts mit der Qualität zu tun. Und weil Döner – dessen deutsche Zubereitung angeblich in den 1970er Jahren in Berlin erfunden wurde – und Bratwurst – deren Geschichte mindestens bis ins Jahr 1489 zurück reicht – einfach zu Duisburg gehören, wird nun an dieser Stelle der völlig unzureichende Versuch unternommen, eine Empfehlung auszusprechen. Denn wer kann schon alle Wurst- und Dönerbuden dieser Stadt ausprobiert haben?

Deshalb sei an dieser Stelle zum einen darauf hingewiesen, dass alles sehr subjektiv ist und zum anderen, dass dies eh für das gesamte Buch gilt. Wenn Sie also anderer Meinung sind, schreiben Sie bitte ein Buch mit besseren Tipps. Oder senden Sie Ihre – nicht nur kulinarischen – Tipps an hofmann@wortdrauf.com. Ich bin sehr gespannt! Also: die beste Currywurst (hier stimmen Bratwurst und Sauce!) der Stadt gibt es ... im City-Grill an der Steinschen Gasse. Der Einheimische spricht hier auch von der Schimanski-Bude, weil schon der TV-Kommissar hier gegessen hat, oder von Pommes-Walter. Sehr empfehlenswert ist auch das, was der Friemersheimer Spitzenkoch Dirk Brendel aus der Currywurst macht, wenn er sie in einen Kappesmantel hüllt.

Nun gut, vielleicht ist es doch gar nicht so zweifelsohne festzustellen, welche Currywurst nun die beste ist ... Superlecker ist aber zumindest auch die Currywurst, die es im „Iss doch Wurscht“-Wagen von Marco Peters in Kaßlerfeld auch im Zehnerpack für den heimischen Grill zu kaufen gibt. Das Konzept, Wurst und Saucen ohne Geschmacksverstärker selbst herzustellen, hat er in einer unsäglichen Fernsehshow entwickelt, aber das tut der hohen Qualität keinen Abbruch.

Aber auch in vielen anderen Imbissbuden kann man lecker Currywurst und Co. genießen. Wir sind schließlich in Duisburg, hier verstehen die Menschen was von guter Wurst! Und auch in Sachen Döner fällt die Qual der Wahl schwer. Ich verspreche Ihnen aber, dass Sie zum Beispiel bei „Uni-Döner“ in Duissern oder bei „Mevlana“ in Hochfeld sehr gute Döner bekommen. Vor allem kann man hier aber viel mehr leckere selbst zubereitete Speisen – fernab von Döner, Lahmacun, Börek und Köfte – genießen.

Wurstspezialist Marco Peters steht mit seiner Bude auf dem Parkplatz des Fachmarktzentrums am Kaßlerfelder Kreisel.

Und die besten Restaurants und Kneipen

Leider ist gute türkische Küche ansonsten nur in relativ wenigen Restaurants zu bekommen. Dabei leben rund 60.000 Menschen mit türkischen Wurzeln in der Stadt. Für einen schönen Abend in orientalischer Atmosphäre, im Sommer sogar mit Blick auf die idyllische Ruhr, empfiehlt sich das etwas versteckt liegende, aber innen traditionell mit türkischer Sitzecke gestaltete „Marmaris“ in Duissern. Authentische thailändische Küche in schönem Ambiente gibt es im „Samui“ in der Innenstadt, einem der besten asiatischen Restaurants der Stadt. Klassische italienische Spezialitäten und eine gehörige Portion Bella Italia – und im Sommer obendrein eine wunderbare Außenterrasse – gibt es im „Bellini“ in Baerl. Die traditionelle regionale Küche bekommt man dagegen vor allem in den einfachen Gasthäusern, wie es sie zahlreich gibt. Ein guter Anlaufpunkt für niederrheinische Küche ist die Kartoffel-Kiste, die im ältesten Fachwerkhaus der Stadt in Duissern untergebracht ist. Außerdem ist es ein geschichtsträchtiger Ort. Seit 1770 soll es hier nahezu durchgehend eine Gaststätte gegeben haben. Noch länger ist die Historie der „Lindenwirtin“ nur ein paar hundert Meter entfernt. Das Kolonistenhaus, um 1728 erbaut, weist ebenfalls noch ursprüngliche Fachwerkelemente auf und bietet „unter den Linden“ einen schattigen Biergarten. Eine Einkehr bietet sich nicht nur nach einem Zoobesuch oder einem Spaziergang im Wald an.

Auch im Landschaftspark gibt es einen Biergarten.

Apropos Biergärten. Die gibt es überall. Aber Vorsicht: Nicht immer locken die Schilder mit dem entsprechenden Schriftzug an wirklich lauschige Orte. Duisburgs Biergartenlandschaft ist viel zu vielfältig und schön, um sich mit Hinterhöfen oder verbretterten Vorgärten an Hauptverkehrsstraßen zufrieden zu geben. Es sei denn, hier stimmt Dank Kundschaft, Bewirtung und Angebot die Atmosphäre. Widmen wir uns aber an dieser Stelle einer Auswahl der schönen Biergärten. Deren Lage, Ausblick und Umgebung einfach unwiderstehlich sind. Da ist zum Beispiel Duisburgs einziger Biergarten, in dem nicht nur mancher Gast versumpft.

Die Mühlenweide wird regelmäßig – zumeist in Herbst oder Winter – vom Hochwasser überflutet. Wenn die Füße trocken bleiben, kann man hier in Ruhrort jedoch den Blick weit über den Strom und

Im XXL bietet der Biergarten nur eine von vielen Möglichkeiten die Freizeit zu verbringen.

Von der Terrasse des „Seehaus“ gibt es einen traumhaften Ausblick aufs Wasser. Außerdem sorgt Koch Roger Achterath für sehr gute Küche.

die Uferwiesen schweifen lassen. Ebenso schön ist es im „Hafensturm“ auf der anderen Rheinseite. Ganz im Grünen sitzt man dagegen im Biergarten im Biegerpark in Wanheim. Ebenfalls im südlichen Stadtgebiet findet sich der „Köpi-Biergarten“ im XXL in Huckingen. Wobei der Gast hier nicht nur die Gelegenheit findet, unter freiem Himmel bei einem Getränk zu verweilen, sondern aus einem riesigen Angebot von Bowling über Badminton, Fitness, Minigolf und Tennis frei wählen kann. Wirklich ein Platz für jeden Geschmack, zumal es im angeschlossenen „Angerstübchen“ noch gute einfache Küche gibt. Den Blick aufs Wasser, allerdings auf das ruhende Wasser des Bertasees, genießen Biergartenbesucher im „Seehaus“ in Neudorf. Hier wurde im Zuge der Modernisierung des Sportparks der alte Biergarten auf der Dreieckswiese gegen einen modernen ersetzt.

Die Umgebung und die Möglichkeit, eine Einkehr mit vielen anderen Freizeitangeboten zu verbinden, sind ein Trumpf für diesen schönen Flecken Duisburg. Vor allem gibt es im Seehaus jedoch eine der besten Küchen der gesamten Stadt. Hier kocht Roger Achterrath, der mit seinem Stammhaus im Neukirchen-Vluyner Stadtteil Rayen innerhalb einiger Jahre vom Geheimtipp zum Stammlokal der Feinschmecker aus der gesamten Region geworden ist. Es gibt gehobene bis exquisite Speisen, die zu den Preisen in einem ausgesprochen guten Verhältnis stehen.

Vom Biergarten des Wasserbahnhofs hat man einen schönen Blick auf den Lohheider See.

INSIDERTIPP: Nicht direkt am Dellplatz, sondern eine Straßenecke entfernt, und erst recht kein Biergarten ist das „Café Gräfen“. Duisburgs einzig wahre Kneipe, die es mit Lokalitäten in Berlin-Neukölln oder Hamburg-Ottensen aufnehmen kann. Das Gräfen (suchen Sie nicht nach einem Namensschild, sondern einfach die Adresse Krummacherstraße 14 auf) ist nichts anderes als eine Eckkneipe und hier bekommt man außer reichlich Erdnüssen höchstens Salzstangen oder Spekulatius gegen den Hunger, es bietet aber eine Stimmung die unvergleichlich ist. Die regelmäßig voll besetzten Tische zu später Abendstunde beweisen, dass es auf keinen Fall immer loungig sein muss. Der perfekte Platz für das erste oder das letzte Getränk eines Abends.

Aber eine Biergarten-Empfehlung – wieder mit Seeblick – muss an dieser Stelle noch ausgesprochen werden. Am Lohheider See in Baerl steht „Renzis Wasserbahnhof“ und bietet einen idyllischen Platz, um auf das Wasser zu sehen.

Der Inhaber Tobias Bähner hat im alten Bahnhofsgebäude mehrere Jahre ein sehr gutes Restaurant geführt, widmet sich nun aber stärker der einfachen Küche. Die Lage blieb aber 1A. Nicht zuletzt muss jeder Duisburger und Duisburgbesucher aber mindestens einmal im größten Biergarten der Stadt gewesen sein. Rund um den Dellplatz im Dellviertel haben sich nicht nur einige Studentenwohnheime sondern auch viele Lokale angesiedelt. Hier verrücken im Sommer die Grenzen der einzelnen Gaststätten und im Schatten der St. Josef Kirche ist es an schönen Sommertagen manchmal trotzdem gar nicht so leicht einen freien Platz zu finden. Dafür gibt es hier echte Großstadtatmosphäre, wie man sie in Duisburg höchstens noch am Innenhafen findet. Im Brauhaus Webster gibt es typische Brauhaus-Spezialitäten. Vor allem aber seit 1992 Duisburgs erste Hausbrauerei. Das naturbelassene ungefilterte Bier – ob blond, ob braun –, das von Absolventen der Weihenstephaner Bierakademie hergestellt wird, ist kultig und süffig.

Wieder nur ein paar Häuserzeilen weiter findet sich der zweite „Szeneladen" des Viertels. Das „Goldengrün" ist 20 Jahre jünger als das Gräfen, aber eine ebenso charmante Kneipe, die sich der „Trinkkultur, der Tanzwut und der Saumseligkeit (!)" verschrieben hat. Solche Kneipen gibt es leider kaum in der Studentenstadt Duisburg. Einen engagierten und gelungenen Versuch einer waschechten Kneipe, und hier sogar wieder mit Biergarten, bietet dagegen das „Bolleke" in Obermeiderich. Ein Laden mit Darts, Billard, kleiner Speisen- und großer Getränkekarte sowie urgemütlicher Atmosphäre. Wer im Duisburger Norden ist, sollte hier seine Abende verbringen.

Ein Klassiker in der Duisburger Kneipenkultur ist der 1976 eröffnete und in den vergangenen Jahren stark modernisierte „Finkenkrug" in Neudorf. Hier gibt es ganz zweifelsfrei die größte Auswahl an Biersorten. „Das tschechische Lagerbier ‚Budweiser' und das irische Stout ‚Guinness', die beide nach dem deutschen Reinheitsgebot gebraut werden, hingen hier bereits in den siebziger Jahren an der Fassbierleitung", erinnert der Wirt an frühe Pionierleistungen in Sachen Bier. Inzwischen sind es weit über 200 Biersorten mehr, die hier allabendlich verkostet werden können. Eines der umfangreichsten Angebote in Deutschland. Nebenbei gibt es im „Finkenkrug" allerhand Wissenswertes zum Thema Bier zu erfahren. Schon immer trafen sich hier in der Kneipe mitten im Studenten-Stadtteil Neudorf die jungen Leute, die am Abend eine Ausgehmöglichkeit vor der Haustür suchten. Heutige Studenten treffen hier auf frühere und dazu gesellen sich immer noch die jungen und junggebliebenen Kommunalpolitiker. Nur wenige Steinwürfe entfernt findet sich der neben dem Stadtwald gelegene „Steinbruch". In der Kneipe mit angeschlossenem Biergarten gibt's neben den kleinen Leckereien aus der Küche ein sehr abwechslungsreiches Kulturprogramm.

Doch nicht nur Kneipen mit Bier und Cocktails haben ihr Stammpublikum. Auch für Fans echter italienischer Kaffeespezialitäten gibt es Top-Locations. Mindestens zwei. Doppelter Insidertipp: Die ausgesprochen überschaubare, aber traumhaft behagliche Espressobar „Mimi e Rosa" im Dellviertel bietet neben familiärer Gemütlichkeit köstliche Kaffeekreationen, selbst gebackenen Kuchen und authentische italienische

Nach dem Essen oder während des Stadtbummels: Ein gepflegter Kaffee.

Köstlichkeiten aus der kleinen, kleinen Küche. Kaffeegenuss der absoluten Extraklasse ist im „Caffé Fino“ in der Altstadt garantiert. Nur hier serviert ein echter Barista, ein professioneller Kaffeezubereiter, den grandiosen Kaffee mit satter Crema. Dazu gibt es hausgemachte Biscotti und extrem gute Ciabatte. Zumindest so lange der Vorrat reicht. Wem das Angebot nicht langt, der kann sich zum Kauf einer eigenen Kaffee- oder Espressomaschine beraten lassen oder seine bockende Maschine gleich zur Reparatur da lassen. Fatti vivo.

INSIDERTIPP: Wer übrigens ein typisches Geschenk aus Duisburg mitbringen möchte, aber keine Flasche Bier mitnehmen will, kann sich ans „Grachtenwasser“ halten. Ein Privatmann hatte die gute Idee aus selbst gepflückten Holunderblüten und Schnaps einen Likör zu machen und dem Ganzen ein wohl gestaltetes Etikett mit klingendem Namen zu verpassen. Im Internet gibt’s die Bestelldaten.

Nicht nur bei guten Getränken lässt sich in Duisburg ausgezeichnet tafeln. Eine Sterneküche hat die Stadt zwar nicht (mehr) zu bieten, aber immerhin wurde der Walsumer Kult-Gastronom Matthias „Mattes“ Langhoff für seine Fischgerichte vom Gault Millau schon mit einer Mütze bedacht. Damit ist er in Duisburg zwar nicht alleine, aber die grandiose Mischung aus gutem Essen, hervorragender Unterhaltung und rustikalem Charme ist hier unerreicht.

Matthias Langhoff im Walsumer Familienstammsitz und im mächtigen Schatten des neuen Kohlekraftwerks hat sich in seinem recht großen Restaurant auf „frisch und akkurat zubereiteten Fisch“ (Gault Millau) spezialisiert. Nicht mehr, aber eben auch nicht weniger. Deshalb ist das Lokal immer auf Wochen, meistens sogar Monate ausgebucht. Länger als zweieinhalb Stunden darf man aber auch mit Reservierung am frühen Abend nicht sitzen bleiben, dann muss der Tisch für die nächsten Gäste geräumt werden und der fröhlich reimende Kellner erläutert erneut den Tagesfang. Zu den Gerichten gibt es keinen Schnickschnack, dafür (knusprige!) Bratkartoffeln satt und ordentlich gute Laune. Ein Erlebnis! Ebenso reichhaltige Portionen und eine Vorliebe

Wer Fisch und Bratkartoffeln mag ist hier genau richtig.

für Meerestiere, aber auch für zarte und perfekt gebratene Steaks, bietet auch Thomas Dettmann in „Dettmann's Fisch und Steak“. Sein Restaurant in Wanheimerort liegt direkt gegenüber des Stadions.

Lupenreine Gourmetküche brachte Theo Friedrichs früher auf den Tisch und wurde dafür – als einziges Restaurant in Duisburg – mit dem begehrten Michelin-Stern ausgezeichnet. Doch er gab das „La Provence“ 1997 auf, pausierte und eröffnete 2004 das Bistro „NT“ am Neudorfer Tor am Hauptbahnhof.

Dort knüpft er an die alten Zeiten an und bringt wieder lupenreine – allerdings nicht mehr sterndekorierte – Gourmetküche auf den Tisch. Eine der besten Küchen der Stadt steht etwas versteckt im tiefen Duisburger Süden. „Im Eichwäldchen“ in Mündelheim kocht Manfred Altgaßen in traumhaft schönem, fast verwunschen wirkendem Umfeld und hat sich hier vom Geheimtipp zu einer der ersten Adressen in Duisburgs Gastro-Szene gemausert. Laut Gault Millau sogar zur allerersten Adresse. Kein anderes Restaurant der Stadt schneidet beim renommierten französischen Restaurantführer besser ab. 16 von 20 möglichen Punkten und zwei Mützen kamen 2011 für die „lukullische Oase“ zusammen.

Die Lebensader pulsiert, während Tag und Nacht die Plätze tauschen.

Duisburg ist also auf der kulinarischen Landkarte dick unterstrichen. Dabei ist die Aufzählung guter und sehr guter Restaurants an dieser Stelle noch gar nicht beendet. Haute Cuisine gibt es vor allem auch in Friemersheim. Hier kocht seit 20 Jahren Dirk Brendel direkt neben dem Friemersheimer Bahnhof im gleichnamigen Restaurant auf hohem Niveau. Im dazu gehörenden Bistro gibt es auch sehr einfache, aber hervorragend zubereitete Speisen für kleineres Geld.

Im Schatten der Friemersheimer Dorfkirche findet sich das Restaurant „Schumachers", das die Gäste in den Räumen der ehemaligen Rheingold-Brauerei empfängt. Hier kehren gerne anspruchsvolle Brautpaare ein, um die Trauung mit einem guten Essen zu krönen. Das nebenstehende Lehrerhaus aus dem Jahre 1800 ist neben dem Trauzimmer im Duisburger Rathaus der zweitbeliebteste Platz in der Stadt, an dem sich Verliebte das Jawort geben.

Eine traumhafte Aussicht bietet sich während des Essens in der „Speicherei" in Homberg, wo bei Kalbsnierchen in Champagnersenfsoße, saftigem Eifler Hirschkalbrücken, getrüffeltem Grünkohl und vielem Leckerem mehr das Rheinwasser beobachtet werden kann. Der Blick aufs Wasser lässt sich auch in der traditionsreichen Ruhrorter „Schifferbörse" genießen, die Ende 2011 nach längerer Pause neu eröffnet wurde. Bis in die 1960er Jahre wurde hier Jahrzehnte lang das Schiffsfracht- und Schleppgeschäft zwischen den Rheinschiffern und Reedern vereinbart, heute lässt sich im maritim eingerichteten Restaurant mit Tagungs- und Kongresszentrum direkt am Hafenmund das von Oliver Urlichs bereitete Essen genießen. Zu gehobenen Fisch- und Fleischspezialitäten gesellen sich schlichte regionale Speisen wie die Duisburger Kartoffelpralinen: Gebratene Blutwurst im Reibekuchenmantel mit Apfelkompott und Preiselbeeren.

Da wir gerade – oder schon wieder – am Wasser sind. Hierbei darf das „Homme D'or" an der Rheinbrücke in Homberg nicht fehlen. Die aussichtsreiche Lage zählt zu den beliebtesten, weil schönsten Restaurantplätzen in der Stadt und die Küche von Helmut Dormann bewahrt seit Jahren ihr ordentliches Niveau mit gutem Preis-/Leistungsverhältnis.

Sie sehen. Schon alleine des guten Essens wegen, lohnt sich Duisburg. Und dann noch diese ganzen großartigen Aussichten, die man doch nur am Oberrhein, an der Mosel oder im Elbtal erwarten würde. Stattdessen verteilen sie sich überall kreuz und quer durch die gesamte Stadt. Und dabei konnten hier noch nicht einmal alle guten und schönen Restaurants genannt werden.

Das Nachtleben

Aber: Bei allen häufig verkannten Stärken, die Duisburg zu einer fantastischen Stadt zum Leben, Wohnen und Arbeiten machen, ist ein Thema leider viel zu klein, um dahinter ein Ausrufezeichen zu setzen. Die Rede ist vom Nachtleben in Duisburg. Hier, da brauchen wir nicht lange um den heißen Brei herum reden, ist Duisburgs größte Stärke die Ruhrgebietslage. Sie ermöglicht es in überschaubarer Zeit auch mit öffentlichen Verkehrsmitteln Discos und Clubs in großer Anzahl und Vielfalt zu erreichen. Partypeople die gerne in Duisburg bleiben wollen, fällt die Qual der Wahl dagegen nicht sonderlich schwer. Das Angebot ist überschaubar.

Nach der Loveparade-Katastrophe ist es für die Veranstalter noch einmal ein ganzes Stück schwieriger geworden. Die neuen Vorgaben für Sicherheitskonzepte und ähnliches haben manche Partybemühung im Keime erstickt. Aufstrebenden Clubs wie dem „Goldengrün“ im Dellviertel wird das Leben erschwert, weil sich zwar kein Nachbar beschwert, aber die Ordnungsbehörde trotzdem untersagt, dass DJs Platten auflegen dürfen. „Kreative Lösungen sind in dieser Stadt nicht möglich“, klagten die beiden Veranstalter der gefeierten Partyreihe „Ultraschall“, weil auch sie nach der Loveparade kein Bein mehr auf den Tanzboden bekamen und nach immer neuen Räumen suchen mussten.

Dabei sind den Duisburger Nachtschwärmern ihre wenigen Möglichkeiten lieb und teuer. Dennoch musste auch das „DJäzz“ in der Altstadt, der einzige Innenstadt-Club, in dem der Begriff Szene seit längerem eine Daseinsberechtigung hat, seinen Betrieb drastisch einschränken, weil die Sperrzeit auf 1 Uhr festgesetzt wurde. Nichts desto trotz bleibt der Jazzkeller von Ercan Ulucan eine wunderbare Location um einen Partyabend mit Konzerten von Jazz, Funk, Rock, Indie, Elektro bis Weltmusik mit ausgefallenen Partyreihen und ungewöhnlichen Lesungen zu erleben.

Insgesamt hat das etwas maue Nachtleben Tradition. Schon früher war Duisburg im Revier nicht gerade als Fetenhauptstadt bekannt. Wenngleich in den 1980er Jahren die Stadt als Punkrock-City in der Szene zu einiger Berühmtheit gelangte. Mehrere Generationen von Jugendlichen wurden quasi in nur einer einzigen Diskothek sozialisiert. Wenn Sie einen Duisburger treffen der zwischen Anfang 20 und Mitte 50 ist und ihnen erzählt, dass er früher nicht ein einziges Mal im „Old Daddy“ gewesen ist, so klopfen sie ihm aufmunternd auf die Schulter und reiben ihm nicht unter die Nase, dass in seiner Jugend damit etwas ganz Entscheidendes fehlte. Das Daddy war nicht

Am innenstadtnahen Dellplatz reiht sich Biergarten an Biergarten.

der schönste und nicht der beste Laden, er gehörte nie fest zu einer Szene und war auch nicht gerade für den guten Geschmack der Besucher bekannt, doch es war ein Anziehungspunkt sondergleichen.

Doch genug von den alten Zeiten. Was macht der Tanzwütige heute in Duisburg? Ihm steht eine der größten Diskotheken der Republik zur Verfügung. Der „Delta Musik Park" in Meiderich wirkt von außen wie eine riesige Zirkuszeltstadt. Auf der Tummelwiese im Inneren gibt es für jeden Geschmack die passende Area. An den meisten Wochenenden schwofen hier die 18 bis 25-Jährigen – vor Mitternacht auch die 16- und 17-Jährigen. Gerade bei Partys und Konzerten schwingen aber auch deutlich ältere Gäste das Tanzbein. Generell erst für Besucher ab 18 Jahren öffnet eine von Duisburgs neuesten Partylocations. Der „High 5 Club" im ehemaligen Europakino-Komplex in der Altstadt ist zu einer der spannendsten Adressen im Nachtleben geworden. Viele unterschiedliche Partyreihen und ein davon angelocktes gemischtes Publikum haben ordentlich Schwung in die schlaflosen Nächte gebracht.

Auch mit dem „Grammatikoff", das dem alten Hundertmeister im Dellviertel nach seiner so denk- wie merkwürdigen Pleite 2011 im völlig neuen Outfit nachfolgte, ist das Duisburger Nachtleben um eine Attraktion reicher. Hinter dem Konzept, zu dem auch die gut funktionierenden Party- und Veranstaltungsreihen des Hundertmeisters gehören, steckt Rolf Stanietzki, der das Café Steinbruch von der Studentenkneipe mit Veranstaltungsraum zum Treffpunkt für jedermann mit buntem und gut frequentiertem Kulturprogramm gemacht hat – ganz ohne städtische Zuschüsse. Es besteht also berechtigter Anlass zur guten Hoffnung, dass die nachfolgende Generation langfristig wieder mehr Ausgehmöglichkeiten hat.

Direkt neben dem Grammatikoff gibt es am Dellplatz aber auch noch mehrere andere Kneipen. Mit dem Eventschloss „Pulp“ steht ein heller Leuchtturm im Duisburger Nachtleben in Wanheimerort. Neben dem einzigartigen Schlossambiente macht das umfangreiche und vor allem in den frühen Abendstunden noch außerordentlich schmackhafte Grill- und Salatbuffet den feinen Unterschied zum normalen Diskotempel aus. Außerdem gibt es hier regelmäßig Tanzflächen für Freunde des „Übernatürlichen“, wie etwa Gothic-Anhänger. Außerdem natürlich auch Charthits, im eigenen Bereich aber auch richtig satten Rock.

Tief im Westen lädt außerdem die tatsächlich „etwas andere“ Diskothek ein. Bei „Jansen“ in Bergheim, gleich daneben liegt der Motorrad-Laden von Namenspatron Paul Jansen, kann man gepflegt Party machen – wenn man mindestens einmal mehr als 20 Geburtstagskerzen auf einen Streich auspusten musste. Dementsprechend tummelt sich hier auch schon mal das reifere Publikum, aber längst nicht nur. In dieser Disko mit viel lauter Musik, massig Platz und Bars sollte vor dem Besuch keiner allzu viele Gedanken an einen Dresscode verschwenden.

Das gilt auch ganz bestimmt für das in dieser Beziehung nicht allzu anspruchsvolle „Oberbayern‘s Anton“ in Neudorf. Dafür lassen sich die Gastgeber immer neue Ideen einfallen, wie viele, viele Getränke in kürzester Zeit über den Tresen gebracht werden können. Eine Riesengaudi, die ein großes Stammpublikum anlockt.

Den Son Cubano tanzen lernen

Nicht bajuwarisch zünftig, sondern karibisch exotisch geht es dagegen in der stilsichersten Bar der Stadt zu. Im „Habana“ im Dellviertel sind nur drei Dinge wichtig. Rhythmus, Rhythmus und Rhythmus. Zumindest für diejenigen, die sich in der kleinen Bar das Salsa tanzen beibringen lassen wollen. Regelmäßig sind hier aber auch Tanzdarbietungen von wahren Könnern und ehemaligen Schülern zu bewundern, die den Son

Das Rotlichtviertel wächst seit Jahren immer weiter.

Cubano verinnerlicht haben. Im wunderbar lässigen Ambiente kann auch der gepflegte Müßiggang betrieben werden. Hier darf an einem Abend, ob mit oder ohne Livemusik, einer der perfekt gemixten Cocktails auf keinen Fall fehlen.

Ganz, ganz andere Stimmung herrscht dagegen wiederum im „Kultkeller" in der Altstadt. Untergebracht in den Räumen des legendären Old Daddys. Hier, im superzentral gelegenen Kellergewölbe, ist die Stimmung nicht mehr ganz so unvergleichlich wie früher, eine ordentliche Party lässt sich aber allemal an jedem Wochenende feiern. Für den Hunger danach bietet sich das „Why not" an, wo man sich auch tief in der Nacht noch eine frische Pizza zwischen die Kiemen schieben kann. Oder man stimmt den Abend im „Desperados" ein, wo es anständige Tex-Mex-Gerichte gibt die von einem nicht zu soften und zu leisen Musikmix begleitet werden.

Wer sich gegen einen Besuch der beschriebenen Clubs entscheidet, hat mit dem Innenhafen ein großes Ausweichquartier. Allzu ausgelassene Feierstimmung ist hier aber eher selten anzutreffen. Besser als ein Nutzer eines Online-Bewertungsportals kann man es nicht zusammenfassen. Unter „gut" vermerkte er: „Viele Kneipen" unter „Nicht so gut": „Alle Kneipen haben ähnlichen Charakter". Touché! Aber System-

Zum Duisburger Nachtleben gehören auch Theateraufführungen.

gastronomie hin oder her: Der Innenhafen rund um die alten Wasserbecken ist und bleibt natürlich bei Tag und in der Nacht eine tolle Ausgehmeile, die die Erlebnisvielfalt der Stadt enorm bereichert.

Wenn man vom Duisburger Nachtleben schreibt, kommt man um ein Thema nicht herum. An Vulkan- und Charlottenstraße in der Altstadt wächst seit 30 Jahren ein Rotlichtviertel. Alle paar Jahre genehmigt die Politik neue Häuser, inzwischen ist die Gegend einer der größten Rotlichtbezirke Deutschlands. Ob die unmittelbare Nähe zur sündigen Meile die Innenstadtentwicklung rund um das Marientor-Quartier beflügelt oder sich doch eher als Hemmschuh erweist, wird sich in den kommenden Jahren zeigen.

Blick von der im Volksmund „Walgerippe“ genannten Skulptur auf das Stadttheater.

Duisburg kulturell

Ob es Mitte der 1990er Jahre ein schlauer Plan gewesen ist, weniger als 300 Meter vom Beginn des Rotlichtviertels entfernt ein Musical-Theater zu bauen und anschließend wenig für die Attraktivität des direkten Umfelds zu unternehmen, darf hinterfragt werden. Am 11. August 1994 wurde dennoch der Grundstein gelegt. Bis 1999 war im Theater am Marientor fast vier Jahre lang das Musical „Les Misérables“ nach der Geschichte von Victor Hugo zu Hause. Doch an diese erfolgreiche erste Zeit konnte das TaM genannte Theatergebäude nie wieder anknüpfen. Ein Grund dafür sicherlich: Rund herum bietet sich den Gästen kaum eine Möglichkeit vor oder nach dem Veranstaltungsbesuch die Zeit bei einem Getränk oder gar einer Kleinigkeit aus der Küche

Das City-Palais mit Mercatorhalle und Spielcasino.

zu vertändeln. Dass das Umfeld in 15 Jahren nicht entwickelt werden konnte war ein echtes Erschwernis für den Spielbetrieb und wohl ein Grund dafür, dass der rote Samtvorhang des Theaters zum Jahreswechsel 2011/2012 zum vorerst letzten Mal fiel.

Dass das TaM nie wieder Spielstätte sein könnte war eine furchtbare Vorstellung. Denn so unperfekt die Umgebung (noch) ist, die verkehrliche Anbindung des Theaters am Marientor ist hervorragend und die Spielstätte besitzt innere Werte, die sich viele Kulturschaffende in europäischen Großstädten erträumen. Gut, dass Monate später zumindest wieder ein Rumpfangebot zusammengestellt wurde – mit Chance auf mehr. Vom Weiterbetrieb des Hauses bis zum Abriss bleibt alles möglich.

Fast 1.600 plüschige Sitzgelegenheiten

Das TaM bietet einen plüschig-roten, aber nicht kitschigen Publikumssaal mit 1.572 Sitzplätzen, und moderne Technik. So kann die große Bühne von außen mit dem Groß-Lkw angefahren werden. Schöne Theater haben in Duisburg eine lange Geschichte. Seit 1911, als das Stadttheater gebaut wurde, gehörten immer mindestens zwei bedeutende Konzerthäuser zu Duisburg. Die Tradition des guten Klangs wurde bis heute erhalten.

Die viel gerühmte Tonhalle von 1887 wurde im Zweiten Weltkrieg zerstört. 1962 eröffnete die erste Mercatorhalle und wurde in den folgenden Jahrzehnten zu einem der wichtigsten Konzertsäle des Ruhrgebiets. Mehr als 40 Jahre nach ihrer Eröffnung war sie nicht mehr zeitgemäß und wurde abgerissen. Fast genau an der selben Stelle steht seit 2007 die neue Mercatorhalle innerhalb des neuen Kongress- und Veranstaltungszentrums „City-Palais". Diese zweite Mercatorhalle steht der alten Halle akustisch nicht nach. Im Gegenteil. Schon vom ersten Konzert an zeigten sich Zuhörer und die Musiker der Duisburger Philharmoniker, die hier ihre neue Heimat gefunden haben vom herausragenden Klang begeistert. Zum großen Saal der Mercatorhalle gehören 1.740 Sitzplätze und eine 1,5 Millionen Euro teure Konzertorgel der absoluten Spitzenklasse. Er kann durch flexible Einzelelemente in verschiedene Ebenen eingeteilt werden, sodass vom klassischen Konzert mit Theaterbestuhlung bis zur Gala mit Bankettischen alle Veranstaltungsformen möglich sind. Neben den Philharmonikern spielen in der Mercatorhalle regelmäßig andere hochrangige Musiker oder treten internationale Künstler auf. Ihr weiterer großer Vorteil ist die Lage direkt in der Innenstadt, sodass nach Konzerten der Abend nahtlos in einer anderen Umgebung fortgesetzt werden kann. Die Mercatorhalle ist aber vor allem das Wohnzimmer der Philharmoniker.

Zwei hochwertige Konzerthäuser

Das Opern- und Konzertorchester kann sich mit Mercatorhalle und Stadttheater glücklich schätzen, gleich zwei Häuser bespielen zu dürfen. Beide sind überregional bekannt und von außerordentlicher Qualität. Es ist etwas Besonderes, dass sich eine Stadt in der finanziellen Situation Duisburgs ein solches Orchester leistet. Die Philharmoniker spielen als Orchester unwidersprochen in der Ersten Liga und ihre Ausnahmestellung in der Stadt zeigt sich darin, dass es das Orchester und die Oper auch trotz der finanziellen Lage der Stadt weiter geben wird. Die Kommunalpolitik hat sich nach einigem Zögern im Juni 2012 dafür ausgesprochen, dieses unüberschätzbare Kulturangebot nicht aufzugeben. Nicht zuletzt die 50.000 Unterstützer-Unterschriften dürften den Politikern auf die Sprünge geholfen haben. Völlig zu recht. Und man kann nur hoffen, dass diese Vernunft unumstößlich ist. Jedes weitere Kürzen bei diesem auch für Wirtschaftsbosse interessanten Standortfaktor käme dem Sägen am eigenen Ast gleich. Sowohl die Philharmonischen-, als auch die Kammerkonzerte verzeichnen seit Jahren leicht steigende Besucherzahlen. Dass ein klassisches Orchester massentauglich ist, beweist sich ohnehin immer dann, wenn die Philharmoniker unter freiem Himmel spielen und Zehntausende zu diesen unvergesslichen Spektakeln pilgern, bei denen es sowohl „Nessun dorma", als auch die Star-Wars-Melodie zu hören gibt.

Die Kulturszene in Duisburg ist bunt und abwechslungsreich.

Dabei ist nicht in erster Linie das Orchester teuer, sondern die traditionsreiche und weltberühmte Theatergemeinschaft mit der Stadt Düsseldorf. Die 1955 begründete „Deutsche Oper am Rhein“, zu der auch das „Ballett am Rhein“ gehört, verfügt über eines der größten und besten Ensembles in Deutschland und bringt neben Opernaufführungen aller bekannter Komponisten auch Ballett, Operetten und Musicals auf die Bühnen der beiden Rheinstädte. Gut elf Millionen Euro ließ sich die Stadt die Opernehe bis 2012 kosten. Langfristig müssen nun Wege gefunden werden Kosten einzusparen. „Die Hauptsache ist, dass es weitergehen kann“, betonte Philharmoniker-Intendant Alfred Wendel nach dem Ja zur Opern-Ehe.

Die Philharmoniker gehören zu Duisburg, wie Rhein und Currywurst. Schon 1877 wurden sie als Neue Städtische Kapelle gegründet, sie geben pro Jahr rund 100 Konzerte, füllen das Stadttheater und die Mercatorhalle fulminant mit Leben und führen jedes Jahrzehnt tausende Kinder der Stadt an Musik, Kultur und Instrumente heran. Sie geben den Duisburgern ein Gut, auf das sie stolz sind. Unvorstellbar, dass sich eine Stadt jemals freiwillig von so einem Pfund trennen würde. Um es mit den Worten des Deutsch-amerikanischen Malers und Karikaturisten Lyonel Feininger zu sagen: „Kunst ist nicht Luxus, sondern Notwendigkeit."

Doch Duisburg hat an kulturellen Glanzpunkten mehr zu bieten, als die Philharmoniker. Viel mehr! Schon alleine wegen seiner neoklassizistischen Fassade ist das 1912 eröffnete Stadttheater nicht mehr aus der Innenstadt wegzudenken. Seine an einen griechischen Tempel erinnernden Säulen sind von der Haupteinkaufsstraße zu sehen und schenken der Stadt zumindest in diesem kleinen Bereich weltstädtisches Flair. Über dem Eingang prangt ein Zitat aus Friedrich Schillers „Huldigung der Künste", das als immer aktuelles Plädoyer für die Förderung von Kunst und Kultur verstanden werden kann:

„Mit allen seinen Tiefen seinen Höhen
Roll ich das Leben ab vor Deinem Blick,
Wenn Du das große Spiel der Welt gesehen
So kehrst Du reicher in Dich selbst zurück."

Im Kom' ma spielt die freie Theatergruppe Reibekuchentheater Kinder- und Jugendstücke.

Hinter den weißen Außenmauern herrscht ein reger Spielbetrieb, der nicht nur an den Opernabenden Gäste aus der gesamten Region in die Duisburger City lockt. 1.117 Plätze umfasst der Zuschauerraum. Ein eigenes Theaterensemble hat das Haus zwar nicht, doch Dank der Zusammenarbeit mit den umliegenden Bühnen wie dem Schauspielhäusern in Bochum, Düsseldorfer, Essen, Oberhausen, dem Theater an der Ruhr in Mülheim oder dem Westfälischen Landestheater Castrop-Rauxel wird stets ein anspruchsvolles und abwechslungsreiches Schauspielprogramm geboten. Mit dem Schauspiel-Jugendclub „Spieltrieb" wird am Theater seit 2005 jungen Nachwuchsakteuren im Alter von 16 bis 22 Jahren die Möglichkeit gegeben, unter professionellen Rahmenbedingungen Theater zu spielen.

Apropos Nachwuchs. Eine der bekanntesten und besten Kinder- und Jugendtheaterbühnen hat in Duisburg ihr Zuhause.

INSIDERTIPP: Das „Reibekuchentheater", wurde 1976 gegründet. Im eigenen Theatergebäude, dem „Kom' ma" in Rheinhausen, dass das städtische Theater für Kinder- und Jugendkultur ist, aber kein eigenes Ensemble hat, werden seit 1988 auch Vorstellungen für Erwachsene gegeben. Vielfach wurden die Produktionen des Freien Theaters ausgezeichnet. Auch Dank so innovativer Ideen wie die des niederländisch-deutschen Kinder- und Jugendtheaterfestivals „Kaas und Kappes". Im Jugendclub werden hier Kinder an das Theaterspielen heran geführt. Regelmäßig führen sie Stücke auf der großen Bühne auf. Das Reibekuchentheater flößt dem starren Begriff Theaterpädagogik auf eindrucksvolle Weise Leben ein.

Nicht nur auf der Bühne lebt die Kultur, sondern gerade auch in den Museen. Duisburgs Museenliste ist nicht allzu lang. Aber sie steht für exquisite Qualität.

Weltberühmte Kunstwerke

Weltberühmt ist das „Lehmbruck-Museum" am Kantpark, für Liebhaber von Formen einer der bedeutendsten und architektonisch eindrucksvollsten Museumsbauten der Welt. Gebaut wurde das Museum 1964 von Architekt Manfred Lehmbruck, Sohn des berühmten Bildhauers Wilhelm Lehmbruck. Die Geschichte der modernen Skulptur in Duisburg geht aber noch fast ein halbes Jahrhundert weiter zurück.

1905 gelang es einer Bürgerinitiative einen Kunstverein ins Leben zu rufen, bereits zwei Jahre später beginnt der Kunstverein damit, zeitgenössische Werke zu sammeln. Im Mittelpunkt dieser Sammlung steht der damals schon weithin bekannte Bildhauer

Freier Blick auf das Lehmbruck-Museum.

Wilhelm Lehmbruck. Er erlebt 1925 die Eröffnung des Kunstmuseums Duisburg, gefördert durch die Familie Böninger, nicht mehr. Lehmbruck, der während des Ersten Weltkrieges Sanitätsdienst in einem Berliner Lazarett leisten muss, entscheidet sich nach Kriegsende 1919, gerade einmal 38-jährig, für den Freitod. Der große Sohn der Stadt, 1881 in Meiderich (Lehmbruckstraße 16) geboren, stirbt auf dem Höhepunkt seiner Schaffensperiode. Er liegt gemeinsam mit seiner Frau Anita auf dem Waldfriedhof in Wanheimerort, wo sein Grab bis heute besucht werden kann. Sein bekanntestes Werk, die Skulptur „Kniende" entstand 1911 in Paris und war 1955 und 1964 so etwas, wie die Gallionsfigur der documenta in Kassel. Bis heute ist Lehmbruck Dank des epochalen Museumsbaus eng mit Duisburg verbunden. Lehmbruck lebt am Himmel weiter. Mit einer Geschwindigkeit von 19 Kilometern pro Sekunde bewegt sich der nach ihm benannte Asteroid 6504 durch den Orbit.

Im Lehmbruck-Museum, dessen Fläche 1987 wiederum nach Plänen von Manfred Lehmbruck mit einem Anbau verdoppelt wurde, ist heute noch ein Großteil seiner Werke zu sehen. Zuletzt wurde das Museum im Sommer 2010 umgebaut. Dabei wurden mehrere Wände entfernt, sodass die Ursprungsarchitektur wieder deutlicher zum Vorschein kommt. Schon 1990 wurde das Museum um eine Attraktion reicher.

Eines der über 30 Werke im Skulpturenpark.

Durchaus umstritten: Der David.

Der über 30 Exponate umfassende Skulpturenpark im umliegenden Immanuel-Kant-Park wurde eröffnet und ist bis heute ein großes, grünes Freiluftmuseum mitten in der Innenstadt geblieben. Klarheit für die Sammlung im Museum gab es 2008, als nach langem Hin und Her entschieden wurde, dass das Museum für 20 Millionen Euro über 1.100 Werke Lehmbrucks kaufen kann, die bis dato nur als Leihgabe zur Verfügung gestanden hatten. Die klamme Stadt setzte Prioritäten und steuerte fünf Millionen Euro bei.

Nackter Blondschopf im Park

Insgesamt gibt es im Lehmbruck-Museum über 1.300 Lehmbruck-Werke zu sehen. Zeichnungen, Gemälde, Druckgrafiken und Skulpturen. Den Anspruch des Hauses, ein führendes Kompetenzzentrum für die internationale Plastik und Objektkunst des 20. und 21. Jahrhunderts zu sein, unterstreicht der zweite Teil der Sammlung. Denn seit den Anfangstagen ab 1905 wurde in Duisburg nicht nur das Schaffen eines einzelnen Bildhauers bewundert. Das beweist auch die nackte Tatsache, dass seit 2010 in der Nähe des Eingangsbereiches der oben wie unten blond-gelockte nackte neun-Meter-David von Hans-Peter Feldmann die Museumsbesucher begrüßt. David bewies auch bei rabiaten Angriffen auf seine Männlichkeit, nunja, Stehvermögen.

Die Installation rief 2010 ähnlich viele Emotionen hervor wie 20 Jahre vorher der Lifesaver. Im Lehmbruck-Museum selbst sind außerdem Skulpturen von einer Reihe welt-

Die „Oscar Huber“, der letzte erhaltene Raddampfer auf dem Rhein, ist heute Museumsschiff.

berühmter Künstler zu besichtigen: Ernst Barlach, Käthe Kollwitz, Pablo Picasso, Salvador Dali, Sol Lewitt, René Magritte, Joseph Beuys, und Meret Oppenheim um nur einige zu nennen. Die Werkgruppe von Alberto Giacometti ist die bedeutendste in Deutschland.

Ganz in der Nähe steht die cubus-Kunsthalle. Ein viel kleineres Museum, das aber an einem Traditionsstandort zu Hause ist und jährlich von bis zu 40.000 Menschen besucht wird. Bis 1990 stand hier das Niederrheinische Museum, das dann unter dem Namen Kultur- und Stadthistorisches Museum an den Innenhafen wechselte. Die cubus-Kunsthalle wird seitdem von Privatpersonen und Unternehmen als weitgehend ohne Zuschüsse auskommendes Haus geführt. Hier steht keine Kunstrichtung im Mittelpunkt. Stattdessen werden wechselnde Ausstellungen zu zeitgenössischer und moderner Kunst, aber auch Konzerte oder ein großer Kunstmarkt angeboten.

Die Geschichte der Flussschifffahrt

Wenn nicht in Duisburg, wo sonst sollte sich das Museum der Deutschen Binnenschifffahrt befinden? Seit 1974 können Landratten und Wassernarren im Hafenstadtteil Ruhrort alles über die Entwicklung der Schifffahrt vom Einbaum in der Steinzeit bis zum Containerfrachter der Gegenwart lernen. Bis 1979 war das Museum auf dem letzten erhaltenen Rhein-Radschleppdampfer, der „Oscar Huber“, aus dem Jahre 1922 untergebracht. Dieser gehört auch heute noch zur Ausstellung und liegt einige Meter entfernt vor der Schifferbörse im Wasser. Ganz in der Nähe liegt übrigens auch das Jugendschiff „Mienchen“, ein 1959 erbautes Minenjagdboot, das vom Verein „Offene Jugendarbeit Ruhrort“ unterhalten wird. Dann wechselte das Museum in das alte Ruhrorter Rathaus, wo es fast 20 Jahre blieb. 1998 erfolgte die Neu-Eröffnung am perfekten Ort. Das ehemalige Herrenschwimmbad, von 1908 bis 1910 kurz nach der Zusammenlegung der Städte Duisburg, Meiderich und Ruhrort im Jugendstil gebaut, ist schon alleine eine Besichtigung wert. Die Badeanstalt, die mit Unterbrechungen während des Zweiten Weltkrieges bis 1986 in Betrieb war, ist ein echtes Schmuckstück. Der IBA sei Dank, die auch dieses Duisburger Juwel langfristig sicherte.

In der großen Herrenschwimmhalle bildet der historische holländische Lastkahn „Goede Verwachting“ unter vollen Segeln einen Glanzpunkt der Ausstellung. In der ehemaligen Damen-Schwimmhalle, auch die gab es, steht der Nachbau eines traditionellen Binnenschiffs, das begangen werden kann. Hier werden Arbeit und Leben an Bord auf den Flüssen Europas erfahrbar. Das Museum der Deutschen Binnenschifffahrt zeigt die deutschlandweit umfassendste Ausstellung zu Technik-, Wirtschafts- und Sozialgeschichte der Binnenschifffahrt.

Hinter dem Rheindeich lässt es sich beschaulich wohnen.

Direkt am Innenhafen steht das Kultur- und Stadthistorische Museum.

Darüber hinaus liegt es direkt hinter dem Deich und ganz in der Nähe der schmucken Häuserzeile mit Rheinblick in Laar. Von hier kann bei einem schönen Spaziergang auch das zweite Ausstellungsschiff des Museums besucht werden, das ganz in der Nähe liegt, aber eigentlich gar kein Schiff ist. Der Eimerkettendampfbagger „Minden" aus dem Jahre 1882 schaufelte bis 1970 die Fahrrinne der Weser frei und wurde zu seinem 100. Geburtstag Museumsstück und für immer vor Anker gelegt. Wer nach dem Museumsbesuch sowie Oscar Huber und Minden noch nicht genug von Schiffen hat, dem bietet sich das „Schiffchen" an. Das Restaurant ist im alten Kesselhaus des Schwimmbades untergebracht und ist mittags und abends ein empfehlenswerter Platz, um den Tag auch bei Currywurst oder Petersfischfilets kulinarisch lohnenswert zu machen. Alternativ oder zusätzlich bietet sich aber natürlich auch eine Hafenrundfahrt an. Der Steiger Schwanentor ist nur knapp vier Kilometer entfernt.

Ebenfalls direkt am Wasser liegt das „Kultur- und Stadthistorische Museum". Im selben Gebäude untergebracht ist auch das „Museum Stadt Königsberg", das an die 700-jährige deutsche Geschichte der Stadt Königsberg in Preußen erinnert, für die Duisburg 1951 die Patenschaft übernahm. Schwerpunkte sind Sammlungen zu Immanuel Kant und Käthe Kollwitz, eine wertvolle Erstausgaben-Bibliothek gewährt Einblick in das Werk vieler namhafter Autoren. Hochspannend ist dieses Haus für jeden, der nicht nur ein bisschen an der Geschichte der Stadt kratzen, sondern sie erkunden und berühren will. Gleiches gilt natürlich für Duisburg und „das Stadthistorische". Es führt den Besucher von der Steinzeit bis in die Gegenwart der Großstadt. Im Mittelpunkt stehen dabei der mittelalterliche Marktplatz und das pulsierende Leben in der Stadt Montan um 1900. Und in der Mercator-Schatzkammer natürlich das Werk des großen Kartographen. Im davor gelagerten „Blauen Saal" ist das Schaffen Mercators anhand von Computern, Messgeräten und Projektionen nachzuvollziehen. Zu sehen ist aber auch eine große Zahl von Münzen, die die „Köhler-Osbahr-Stiftung zur Förderung von Kunst und Wissenschaft" dem Stadthistorischen als Dauerleihgabe zur Verfügung stellt. Rund 70.000 Münzen aus allen Zeiten und allen Weltregionen, dazu 500 antike Kunst- und Alltagsgegenstände sowie 200 Schmuckstücke machen die Sammlung, die natürlich nicht in Gänze gezeigt werden kann, komplett. Hervorgegangen ist das Museum 1902 aus der Sammlung des „Duisburger Altertumsvereins". Das heutige moderne Museumsgebäude liegt an der archäologischen Zone „Alter Markt" zwischen der Stadtmauer und den Büroneubauten am Innenhafen und verbindet damit das historische mit dem modernen Duisburg. Rund herum stehen auch die sanierten Speichergebäude.

Lektüre historischer Zeitungen

DUISBURGS MEDIENLANDSCHAFT ist heute noch immer vielschichtig. Mit der Neuen Ruhr Zeitung (NRZ), der Westdeutschen Allgemeinen Zeitung (WAZ) und der Rheinischen Post (RP) berichten drei Tageszeitungen über die Stadt. Mit dem Wochenmagazin und dem Stadt-Panorama gibt es überdies zwei Wochenzeitungen. Das erste private Lokalradio in NRW sendet seit 1990. Auch die erste private lokale TV-Station startete in Duisburg: 2006 nahm Studio 47 den Betrieb auf. Seit 2007 strahlt der WDR täglich sein Format „Lokalzeit" unter anderem aus Duisburg aus. In Duisburg hat auch der türkischsprachige Sender Kanal Avrupa seinen Sitz und sendet von hier ein 24-Stunden-Programm in türkischer Sprache für ganz Europa.

Und dennoch gibt es einen Ort, an dem Interessierte noch tiefer in die Geschichte der Stadt eintauchen, sich geradezu darin verlieren können: Das benachbarte und weitgehend frei zugängliche Stadtarchiv verwahrt, ordnet, verzeichnet und pflegt die für die Stadt Duisburg rechtlich und historisch bedeutenden Informationen. So findet sich hier eine Sammlung sämtlicher Duisburger Tageszeitungen seit 1849.

Noch ein weiteres Museum befindet sich am Innenhafen. Das fantastische „Museum Küppersmühle" für Moderne Kunst. Untergebracht ist es in einer alten Mühle, deren Bau

Das riesige Stahlgerüst (hinten rechts) sollte einst auf das Museum Küppersmühle gesetzt werden.

ins Jahr 1860 zurück reicht. 2011 erregte das Kunstmuseum bundesweit Aufsehen, weil ein spektakulärer Erweiterungsbau in die Höhe mitten in den fortgeschrittenen Bauarbeiten scheiterte. Rund 70 Millionen Euro wurden damit langfristig in den Sand gesetzt und machten das MKM, 1999 von den Architekten Herzog & de Meuron konzipiert, zu einem der teuersten Museumsbauten der Welt Im MKM ist aber vor allem die Sammlung des Ehepaars Sylvia und Ulrich Ströher zu sehen, die das MKM zu einem Ausstellungshaus mit einer der umfangreichsten und schönsten Sammlungen deutscher Nachkriegskunst überhaupt macht. Der Schwerpunkt liegt auf der Malerei. Wella-Erbin Ströher hatte 2005 die Sammlung des Duisburgers Hans Grothe übernommen. In 15 Räumen und auf rund 2.500 Quadratmetern werden wechselnde Schlüsselwerke der Sammlung gezeigt. Zu sehen sind unter anderem Werke von Jörg Immendorff, Anselm Kiefer, Markus Lüpertz, Georg Baselitz und Gerhard Richter. Regelmäßig finden im Museum Küppersmühle ergänzende Ausstellungen statt.

2.000 Jahre alte Terrakottafiguren

Damit ist die Reihe der eindrucksvollen Kunstmuseen in der Stadt jedoch noch nicht am Ende. Dank der Unternehmer Dirk Krämer und Klaus Maas, die nur wenige Gehminuten vom Hauptbahnhof entfernt einen unscheinbaren Wohn- und Gewerbebau aus den 60er Jahren zu einem faszinierenden, schier unglaublichen Museum für Kunst

Heribert Hölz schrieb ein Buch, in dem er von seiner Kindheit in Duisburg erzählt (oben), Theaterinszenierung beim Akzente-Festival (unten).

und Kultur aus aller Welt machten. Dafür verzichteten die beiden leidenschaftlichen Kunstsammler auf jede öffentliche Zuwendung und luden im Januar 2009 erstmals in ihr neues, ohne viel Brimborium umgebautes Museum ein. Was den Besucher seitdem empfängt ist eine ob ihrer Verbindung aus Nüchternheit und Eleganz großartige Innenarchitektur und eine Kunstsammlung wie man sie sich nicht globaler und detailverliebter vorstellen kann. Auf 2.700 Quadratmetern, unterteilt in über 50 Räume, sind 1.000 Kunstwerke zu einem Panoptikum der Künste und Kulturen zusammen gefasst. Darunter auch Stücke des chinesischen Künstlers und Regimekritikers Ai Weiwei und dem „James Dean der Kunstszene", Blinky Palermo. Neben den Werken aus dem

20. und 21. Jahrhundert gibt es aber auch 2.000 Jahre alte chinesische Kunstgegenstände, Kunst aus dem alten Ägypten oder 5.000 Jahre alte Gefäße von verschiedenen Kontinenten. Außerdem gibt es einen gigantischen Buddha-Kopf, über 2.000 Jahre alte Terrakottafiguren, moderne und klassische Skulpturen und Büsten sowie eine Sammlung 1.000 Jahre alten Porzellans und so viel mehr. Kunst zu sehen gibt es auch in privaten Galerien. Etwa in der Galerie für zeitgenössische Kunst „Jetzt am Dellplatz" oder in der Kunsthandlung Kugel, wo Kunden sich Werke ihrer Lieblingskünstler bestellen können.

Abgerundet wird das museale Angebot durch Nischen-Ausstellungen wie das vor allem für Kinder interessante Bienen-Museum in Rumeln-Kaldenhausen, das Bergbaumuseum in Rheinhausen, das naturwissenschaftliche Museum in Wedau, das niederrheinische Karnevalsmuseum in Wehofen und das Radiomuseum in Ruhrort. Hier ist auch das bereits beschriebene Haniel-Museum einen Besuch wert.

Die Stadt als Festivalstandort

Darüber hinaus ist Duisburg ein Traditionsstandort für überregionale bekannte Festivals mit internationalen Künstlern. Das älteste Duisburger Festival sind die „Akzente". Sie stammen aus einer Zeit, als bei der Namensgebung noch vor allem darauf geachtet wurde, was mit einer Sache ausgesagt oder erreicht werden soll. Es ist unwahrscheinlich, dass sich die Duisburger Kulturschaffenden heute wieder für einen so präzisen Namen entscheiden würden, wie 1977 geschehen. Seitdem setzt das mehrwöchige Festival regelmäßig Akzente und bringt das kulturelle Leben der Stadt auf Trab. Mit Ausnahme des Jahres 2005 fielen die Duisburger Akzente nie aus. Und auch damals nur deshalb, weil es während der „World Games" ein spektakuläres Kulturbegleitprogramm gab. Es steht zu hoffen, dass das noch lange so bleibt.

Zu Beginn waren die Akzente in erster Linie ein Theatertreffen. Das Leitthema der ersten Ausgabe war Shakespeare. Seitdem ist das Programm umfassender und spartenübergreifend geworden. Jeweils zu einem bestimmten Thema gibt es Theater, Konzerte, bildende Kunst, Lesungen, Partys, Vorträge, Filme, Ausstellungen und Tanzdarbietungen. Seit 1995 zählen die Akzente offiziell zu den NRW-Kulturfestivals. Die Titelwahl hatte häufig einen politischen Aspekt. So hieß es 1982 „Eine Taube macht noch keinen Frieden", 1990 „Unser Haus Europa" und 2002 „Das Eigene und das Fremde – Globalisierung der Kulturen". 2012 stand der 500. Geburtstag von Mercator bei über 60 Einzelveranstaltungen an 18 Tagen im Mittelpunkt.

Die Duisburger Akzente haben einen Ableger hervor gebracht, der sich in den vergangenen Jahren zu einem eigenen Musikfestival der Oberklasse entwickelte. Allerdings hat das „Traumzeit-Festival“ mit seinem Schwerpunkt auf Jazz und Weltmusik einen riesengroßen Haken: Es wird vielleicht nie wieder stattfinden. 2012 fiel es aus, nachdem der langjährige Großsponsor nicht unerwartet absprang. Doch das Organisationsteam arbeitet weiter. Mit viel Glück wird es auch in Zukunft wieder Traumzeiten in Duisburg geben.

Vor der illuminierten Kulisse des Landschaftsparks, in dem die Traumzeit stattfand, konzertierten seit 1997 jede Menge Weltstars. Bei der Traumzeit spielten illustre Gäste wie Esperanza Spalding, Herbie Hancock, Juliette Gréco, Klaus Doldinger, Laurie Anderson, Ruben Gonzáles, Mike Stern, Chick Corea, Paco de Lucia, Van Morrison oder Al Jarreau. Die internationalen Top-Stars gaben sich reihenweise die Klinke in die Hand, um bei der Traumzeit vor ausverkauften Rängen bei super Stimmung und in einzigartigem Umfeld zu spielen. Kultur pur. Die Traumzeit sterben zu lassen wäre also wirklich ein Alptraum für die gesamte Region. Vertreten ist Duisburg außerdem mit Spielstätten beim weltweit erfolgreichen „Klavier-Festival Ruhr“.

Akrobatische Theateraufführung.

Erfolgreich und populär sind auch die „Duisburger Tanztage“, die seit 1988 jährlich stattfinden. Die Tanztage sind Deutschlands größtes Amateurtanz-Festival und bringen inzwischen bis zu 5.000 junge und gestandene Tänzer, Profis und Nicht-Profis pro Saison auf die Bühne und vor ein großes Publikum. Mit dabei sind auch regelmäßig deutsche und europäische Meister im Einzel- und Formationstanz in verschiedenen Tanzstilen. Die Profis geben ihr Wissen und Können bei Workshops an die Nachwuchstänzer weiter.

Ein einzigartiges Projekt, das pro Jahr hunderte Kinder und Jugendliche Tanzschritte und Moves üben lässt und den Zuschauern richtig viel Spaß bringt. In den zwei Tanztage-Wochen wirkt es manchmal ein bisschen so, als tanze die ganze Stadt. Darüber hinaus sind die Hallen in Duisburgs Landschaftspark auch wichtige Spielstätte bei der

Die bekannten Blauschafe finden sich immer wieder überall in Duisburg.

jährlichen „Ruhrtriennale". Das regional und internationale bedeutsame Fest der Künste im Ruhrgebiet wird jeweils für drei Jahre von einem künstlerischen Leiter geführt. Von 2012 bis 2014 übernimmt diese Aufgabe der Komponist und Theaterregisseur Heiner Goebbels.

Und dann ist da noch die phänomenale „Extraschicht". Dieses Musikfest raubt unter dem zweiten Namen „Nacht der Industriekultur" allen musikbegeisterten Menschen zwischen Rhein und Ruhr alljährlich den Schlaf, weil es viel zu viel Sehens- und Hörenswertes gibt, um all dies in nur einer einzigen Nacht mitzunehmen. Bei der Extraschicht werden ehemalige Industrieanlagen, aktuelle Produktionsstätten, Zechen

Ein kulturelles Potpourri der ausgefallenen und ganz anderen Art gibt es jedes Jahr, stets Anfang Mai rund um den Lohheider See in Baerl. **INSIDERTIPP:** Beim „Kunstcocktail" stellen einige begeisterte und bis ins Mark kreative Kunstmacher, -sammler und -genießer als „Kulturinitiative Baerl-Vierbaum" ein zweitägiges Wochenend-Festival auf die Beine, das nicht nur in der Region seines Gleichen sucht. Mehr als 60 Künstler aus der Region und aus allen nur denkbaren Bereichen stellen hier ihre Kunstwerke aus und bieten sie zum Kauf an. Dazu gibt es Live-Musik, eine längst legendär gewordene Versteigerung von Kunstobjekten und jedes Jahr eine neue schwimmende Installation auf dem See.

Der Kunstcocktail rund um den Lohheider See in Baerl ist immer einen Besuch wert.

und Halden als Spielorte der Industriekultur in Szene gesetzt. Damit wird der Wandel von der Schwerindustrie zu einer modernen Wirtschafts- und Kulturregion unterstrichen. Jedes Jahr sind in dieser Nacht weit über 100.000 Menschen unterwegs, um in rund 20 Ruhrgebiets-Städten Konzerte und andere Darbietungen live mitzuerleben. Eigens für diese Nacht wird ein Verkehrskonzept erstellt, das es möglich macht, ohne Auto zwischen den Spielstätten hin- und herzupendeln.

Ein absolut empfehlenswertes Kulturspektakel, bei dem man auch noch ganz wunderbar einige der schönsten Seiten der größten Ruhrgebietsstädte besichtigen kann. In Duisburg findet die Extraschicht vor allem im Landschaftspark und am Innenhafen statt.

Das Filmforum ist ein Tipp für Cineasten.

Zum Jahresende hin findet außerdem stets die „Duisburger Filmwoche“ statt. Das „Festival des deutschsprachigen Dokumentarfilms“ lockt keine Besuchermassen an und ist doch eine wertvolle Perle in der kulturellen Landschaft der Stadt. Und es hat sich seit 1977 einen hervorragenden Ruf erworben. Unterstützung bekommt die Stadt dabei vom Land NRW, der Filmstiftung NRW, Arte und 3Sat. In die Filmwoche ist seit 2002 außerdem das „Doxs“-Festival, das sich Dokumentarfilmen von Kindern und Jugendlichen widmet. Bei beiden Festivals werden Filme gezeigt, die anspruchsvolle In-

INSIDERTIPP: Untrennbar mit der Filmwoche verbunden ist das älteste kommunale Kino in Deutschland: Das nicht kommerziell ausgerichtete „Filmforum wurde 1970 gegründet, wobei schon seit 1959 im Rahmen der Volkshochschulangebote Filme gezeigt wurden. 1980 zog das Filmforum in seine heutige Abspielstätte am Dellplatz, wo schon vor dem Zweiten Weltkrieg ein Kino stand. Heute bietet der Hauptkinosaal, der im typischen Stil der 1950er Jahre eingerichtet ist, Platz für bis zu 200 Zuschauer. Gezeigt werden zumeist europäische Filme, die es nicht in die großen Multiplex-Kinos schaffen – aus welchem Grund auch immer. Regelmäßig werden jedoch auch Filme gezeigt, die ein Massenpublikum ansprechen. Im Café „Movies“ kann vor oder nach dem Besuch über Filme oder – aus naheliegendem Grund – über Filmplakate gesprochen werden.

Für Cineasten schlichtweg nur als sensationell zu bezeichnen ist das filmhistorische Archiv des Filmforums, eines der größten in NRW, auf das das Filmforum zurecht sehr stolz ist: „Die Schatztruhe des Archivs birgt echte Perlen der Filmkunst. Eine Kopie von George Méliès’ Science-Fiction-Abenteuer ‚Reise zum Mond‘ von 1902. Eine Filmrolle mit dem ersten Hund als Kinohelden und der lange als verschollen geltende Klassiker ‚Gerettet von Rover‘ aus dem Jahr 1905 konnten archiviert werden. In den Regalen des Kommunalen Kinos lagern außerdem Kopien von David W. Griffith Monumental-Epos ‚Birth of a Nation‘ oder Sergej Eisensteins Meilenstein ‚Panzerkreuzer Potemkin‘. Und selbst Filmbilder aus dem Geburtsjahr des Kinos 1895 fehlen nicht. Wichtige Werke der Brüder Lumière, die den Bildern das Laufen beibrachten, verwahrt das Filmforum sorgsam, dazu kommen über 60.000 Filmplakate und Fotos.“ Für mehrere Wochen im Jahr hat das Filmforum einen zweiten Standort. Dann eröffnet im Landschaftspark das „Sommerkino“. Unter freiem Himmel werden fast anderthalb Monate lang jede Menge Filme gezeigt, die pro Vorstellung von über 1.000 Menschen verfolgt werden. Die Karten werden jedes Jahr beliebter. Denn ehe im Sommer die Dämmerung einbricht und der Film beginnt, kann man im Landschaftspark so viel anderes erleben.

Duisburgs kleinste Kleinkunstbühne: Die Säule.

halte und Botschaften vermitteln, aber auch hervorragend zu unterhalten verstehen. Wer sich hiermit noch nie befasst hat, sich aber nicht nur auf Mainstream- und Spielfilme konzentrieren will, wird beim ersten Besuch der Filmwoche vielleicht eine faustdicke Überraschung erleben. Denn nicht überall wo Dokumentation drauf steht, muss etwas Staubtrockenes drin stecken. Ganz im Gegenteil!

In unmittelbarer Nachbarschaft zum Filmforum gibt es außerdem das Kleinkunst-Theater „Die Säule". Hier werden seit 1995 Theater, Kabarett, Musik und Lesungen angeboten. Wenn der Saal komplett ausverkauft ist – und das ist er fast immer–, passen 99 Zuschauer hinein. Die namensgebende Säule in der Mitte des Raumes stört dabei nur notorische Nörgler, denn in der Säule wird, Dank des Fördervereins, für kleines Geld ein großes Programm geboten.

Ein Hort der Kultur für Kinder

Doch dabei soll nicht untergehen, dass es in Duisburg auch ein Festival für Kinder gibt. Sogar zwei! Und beide sind einfach toll. Das seit 1998 stattfindende gut einwöchige „Kinderkulturfestival" orientiert sich stets an den Inhalten der „Akzente" und bietet für Kinder bis zwölf Jahre jede Menge Mitmachangebote.

Ach ja, die Stadtbibliothek: Auch sie verdient besondere Wertschätzung. 1901, damals hieß sie noch „Duisburger Bücher- und Lesehalle", gegründet, ist sie bis heute eine Kulturinsel, in die sich jeder Duisburger regelmäßig verlieren sollte. Weit über 600.000 Medien stehen zur Einsicht und fast immer auch zur Ausleihe bereit. Ein sa-

Andrang vor der Zentralbibliothek.

genhaftes Angebot, das durch viele Veranstaltungen ergänzt wird. Das Haupthaus steht in der Innenstadt, doch in Buchholz, Hamborn, Homberg, Meiderich, Rheinhausen und Walsum gibt es Bezirksbibliotheken – insgesamt 13 Zweigstellen – in denen viele Medien aus der Zentralbibliothek angefordert werden können. Zusätzlich gibt es fünf Stadtteilbibliotheken sowie einen Bücherbus, der täglich durch das Stadtgebiet fährt und vorzugsweise in der Nähe von Schulen und Kindertagesstätten Station macht. Ein bemerkenswertes Angebot für eine Stadt, deren Einwohner häufig hörbar darüber klagen, dass ihnen kein niedrigschwelliges Kulturangebot gemacht werde.

INSIDERTIPP: Generationen von Kindern haben ihre Liebe zu Büchern und Geschichten bei der „Ikibu" entdeckt. Die Internationale Kinderbuchausstellung findet seit 1971 an verschiedenen Orten im Stadtbereich statt. In den Bezirksbibliotheken – die es, obwohl schon sehr oft totgesagt, zum Glück noch immer gibt – und in der Zentralbibliothek in der Innenstadt. Hierbei werden die neuesten und erfolgreichsten Kinder- und Jugendbücher – oft von den Autoren selbst – vorgestellt. Während der Ikibu wird auch der Kinderbuchpreis des Landes Nordrhein-Westfalen verliehen.

Auch in Duisburg wird die fünfte Jahreszeit gefeiert.

All das Beschriebene ist so viel Kulturangebot, wie man es in Monaten und Jahren normalerweise nicht so nutzen kann, dass Langeweile an Stelle des Enthusiasmus' rücken könnte. Wer aber nun noch immer meint, dass das ruckizucki konsumiert werden kann, der muss noch immer nicht in die Nachbarstädte flüchten – wobei es zwischen Düsseldorf und Essen, Mülheim und Bochum auch wieder so ein reichhaltiges Angebot gibt, dass man glattweg übertreiben und das Ruhrgebiet zu der Kulturlandschaft überhaupt … naja belassen wir es an dieser Stelle dabei.

Stattdessen sei empfohlen, den Blick auch einmal auf die Details zu richten. Gehen Sie in den Untergrund. Fahren Sie Bahn, U-Bahn, und erleben sie dabei an den Haltepunkten Kunst. An den fünf Bahnhöfen zwischen „Rathaus" und „Auf dem Damm" haben seit 1980 namhafte Künstler Hand angelegt. Damit wird in der Innenstadt der durch die Brunnenmeile begonnene Dialog zwischen Kunst und öffentlichem Raum fortgesetzt. Zu den ausführenden Künstlern der Kunst am Bau-Projekt gehörten Eberhard Bosslet, Isa Genzken, Gerhard Richter und Manfred Vogel. Ansehnlich und hörenswert ist auch die Tiefgarage (!) des City-Palais. Hier ist auf einer langen Fototapete eine Strandszene zu sehen. Möwengekreische und die Brandung kommen vom Band.

Und damit ist die Aufzählung noch lange nicht am Ende. Um aber eines zu finden folgen nun – nach dem Hinweis, dass es ganzjährig in der Innenstadt mit dem Stadt-Folk-Fest der Automesse „Lack und Chrom", dem Bauernmarkt oder dem Weinfest immer wieder hochwertige Veranstaltungen gibt – noch vier echte kulturelle Highlights:

Der Weihnachtsmarkt – beginnt in Duisburg traditionell immer etwas früher als in den meisten Städten, ist aber aufgrund der langen Königstraße ein besonderer Markt mit richtiger Flaniermeile. Laut Stadtmarketing besuchen jährlich rund zwei Millionen Menschen den Duisburger Weihnachtsmarkt, der damit nicht nur einer der schönsten, sondern auch einer der größten der Region ist. Beliebtester Blickfang sind der 7,50 Meter hohe LED-Tannenbaum (Kristallbaum) und das Panorama der Innenstadt aus der Gondel des Riesenrads betrachtet. Über 100 Stände bieten alles, was zu einem guten Weihnachtsmarkt gehört.

Karneval – ist aus dem städtischen Leben unmöglich wegzudenken. Der Rosenmontagszug lockt jährlich über 100.000 Narren, darunter knapp 2.000 aktive Teilnehmer, an. Doch der Straßenkarneval mit jährlich sechs Umzügen überall in der Stadt ist nur die eine Seite des jecken Treibens. Es gibt kaum einen Stadtteil ohne eigene Karnevalsgesellschaft, kein Wochenende vor Karneval ohne Sitzung. Duisburg ist eine Karnevalshochburg. Wen wundert's da, dass die NRZ 2011 und 2012 den beliebtesten Karnevalsverein am Niederrhein suchte und die beiden Gewinnervereine aus Duisburg – Serm und Walsum – kommen?

Was wäre der Ruhrpott ohne Kirmestreiben? Was ist eine Jugend ohne Kirmesgeld von den Eltern für den lauten und vollen Rummelplatz? Eine der größten und bekanntesten Kirmessen (das Wort stammt tatsächlich von der Kirchweih) ist die Beecker Kirmes. Sie wurde 1539 erstmals offiziell erwähnt, ist aber wahrscheinlich einige hundert Jahre älter. Über 200 Geschäfte sorgen heute dafür, dass die Beecker Kirmes kleinen und großen Besuchern noch lange in Erinnerung bleibt.

Das Brauchtum der Stadt wäre um einiges ärmer, wenn es sie nicht geben würde: Die Schützenvereine. Die alte Struktur, dass es in (fast) jedem Stadtteil einen eigenen Schützenverein gibt, gilt zwar nicht mehr uneingeschränkt, aber die Schützen sind noch immer eine Macht im kulturellen Kalender. In den zahlreichen Vereinen, das südliche und nördliche Stadtgebiet ist stärker besetzt als Mitte und Westen, sind mehrere tausend Mitglieder aktiv.

Die begeisterten Fans peitschen ihren MSV in den Heimspielen nach vorne.

Sportstadt Duisburg

Kennen Sie einen berühmten Duisburger? Nein, nicht Horst Schimanski. Einen richtigen Menschen. Klar kennen Sie den. Oder noch nie etwas von Thomas Strunz gehört? Auch Graciano „Rocky" Rocchigiani stammt aus Duisburg. Oder für die (noch) Älteren: Dieter Kürten. Aus Duisburg stammen nicht nur Sportler, die berühmt wurden. Auch andere Prominente kommen aus Duisburg, wie Sie an anderer Stelle in diesem Buch nachlesen können. Doch es ist wohl kein Zufall, dass, wer in Duisburg aufgewachsen ist und es später zu einiger Prominenz brachte, häufig ausgerechnet mit Sport in Verbindung steht. Duisburg ist und war immer eine Sportstadt. Dabei hat das viel weniger mit dem MSV zu tun als mancher denkt. Obwohl natürlich der MSV der mit großem Abstand bekannteste Verein der Sportstadt ist.

9:0 auswärts – bis heute Rekord

Der Meidericher Spielverein wurde 1902 gegründet und war 1963 Gründungsmitglied der Bundesliga. Überraschend kamen die „Zebras" damals auf den zweiten Platz und wurden Deutscher Vizemeister. In der Saison 1965/66 gelang den Zebras sogar ein bis heute bestehender Rekord. Das 9:0 gegen Tasmania Berlin ist der höchste Auswärtssieg der Bundesligageschichte. Doch schon in den 1920er Jahren stellte Duisburg den erfolgreichsten Fußballverein des Ruhrgebiets: Der Duisburger Turn- und Sportverein von 1848/90 blieb über Jahre das Maß der Dinge. In der ewigen Tabelle der Bundesliga

Rund 6.000 Läufer starten jährlich beim Rhein-Ruhr-Marathon (Mitte). Jährlich finden die Duisburger Segeltage statt (rechts).

steht der MSV bis heute auf Platz 15. Der letzte große Erfolg liegt allerdings ein Weilchen zurück. Immerhin scheiterte der MSV 2011 erst im Finale gegen Schalke. Hinter Nürnberg und Bielefeld ist der MSV mit sechs Bundesliga-Abstiegen aber inzwischen eine Fahrstuhlmannschaft, die wieder Kontinuität erreichen muss. Dabei stimmen die Rahmenbedingungen seitdem mit der MSV-Arena 2003/2004 ein schmuckes, hochmodernes Stadion an der Stelle des alten Wedaustadions errichtet wurde. Der MSV ist die wahrscheinlich bekannteste Marke der Stadt, die sich vieler Sympathien erfreut. Die Anhänger stehen geschlossen hinter ihrem Club. Die gut 43 Millionen Euro teure Arena fasst 31.500 Besucher.

Erinnerung an den Teufelskerl

Neben dem MSV gibt es noch zahlreiche andere bekannte Vereine in der Stadt. Einst fast genau so berühmt wie der MSV heute waren die Fußballvereine Eintracht Duisburg 1848 – einer der ältesten Sportvereine Deutschlands – und Hamborn 07. Bei beiden Vereinen hat ein gewisser Christoph Daum in jungen Jahren gekickt. Bei Eintracht, damals noch als Duisburger SC bekannt, spielte ab 1938 für einige Zeit der Duisburger Toni Turek, der 1954 beim „Wunder von Bern" zur Legende wurde, als Radioreporter Herbert Zimmermann fast vom Stuhl kippte und ins Mikfofon jubelte: „Turek, du bist ein Teufelskerl! Turek, du bist ein Fußballgott!" Zu Ehren Tureks trägt inzwischen das Clubhaus von Tureks späterem Verein Fortuna Düsseldorf seinen Namen. In Duisburg reichte es immerhin für eine Ehrentafel vor dem heutigen Leichtathletikstadion.

In der jüngsten Vergangenheit haben sich im Fußball dagegen besonders die Frauen hervor getan. Ob Inka Grings, Alexandra Popp, Fatmire Bajramaj oder Linda Bresonik, um nur eine kleine Auswahl zu nennen, in den vergangenen Jahre haben viele deutsche Nationalspielerinnen für die Rumelnerinnen gekickt. In der Liga war der FCR in den vergangenen zehn Jahren allerdings nicht vom Glück verfolgt und wurde mehrfach „nur“ Vizemeister, dafür sicherten sich die Spielerinnen 2009 den Champions-League-Titel und holten 2010 zum dritten Mal den DFB-Pokal. Seine Spiele bestreitet der FCR seit 2003 im 3.000 Zuschauer fassenden Homberger PCC-Stadion.

Weit entfernt von alten Glanztagen ist dagegen leider das Eishockeyteam des Eissport-Vereins Duisburg. Die „Füchse“, die ihre Heimspiele in der fast 5.000 fassenden Scania-Arena austragen, starteten Ende der 1990er Jahre einen Durchmarsch bis in die Zweite Liga, spielten anschließend sogar mehrere Jahre in der DEL, rutschten dann aber in die Oberliga ab. In der Saison 2011/2012 verloren sie erst das Play-off-Finale.

Fast jeder NRW-Sportler kommt mal nach Duisburg

Ein Ausschnitt der Wege rund um die unglaublich schöne Sechs-Seen-Platte.

Nicht nur einer der größten Sportvereine in Duisburg, sondern in ganz NRW ist der OSC Rheinhausen, der vor allem wegen seiner in der dritten Liga spielenden ersten Handballmannschaft bekannt ist. Der über 100 Jahre alte Olympische Sportclub, der 1973 aus dem Turn- und Spielverein 04 Rheinhausen e. V. und dem Eisenbahner Sportverein Jahn Rheinhausen 04 hervor gegangen ist, ist eine Macht in der Sportstadt und tritt auch in der Sportpolitik häufig als markante Stimme auf. Gerade im Handball hat der OSC, der zuletzt 1997 in der Ersten Liga spielte, herausragende Sportler hervor gebracht. Dazu gehören Achim Schürmann, Gerd Rosendahl, Günter Ortmann und Gerd Biefang sowie der erste deutsche Welthandballer Daniel

Heimat des Landessportbundes und vieler anderer Sportverbände.

Stephan. Gerade im Badminton und Shaolin Kempo erzielte der OSC viele Erfolge. Erfolgreich ist auch der ASCD, dessen Wasserballer seit Jahren zur europäischen Spitzenklasse gehören. Die RESG Walsum ist Deutscher Rekordmeister im Rollhockey. Neben diesen und vielen, vielen weiteren Vereinen, die Dank der engagierten Ehrenamtler häufig auch die Rolle einer fürsorgenden Leitfigur übernehmen, ist Duisburg aber nicht nur eine Stadt des Vereinssports. Die Möglichkeiten, sich hier aktiv sportlich zu betätigen sind riesig. Aber, und das ist vielen nicht bekannt, der Sportpark Wedau ist nicht nur der perfekte Platz, um sich fit zu halten, hier lenken und leiten auch viele Funktionäre aus unterschiedlichen Sportarten das Geschehen.

So hat im „Haus der Verbände" im äußersten südlichen Zipfel von Duisburg der Landessportbund NRW seinen Sitz. Der LSB ist zuständig für die fünf Millionen Nordrhein-Westfalen, die in 20.000 Sportvereinen aktiv sind. Im selben Haus sitzen aber noch viel mehr Bundes-, Landes- und Bezirksdachverbände. Vertreten sind die Organisationen für Budotechniken, der Deutsche Jugendkraftverband, der Deutsche Aero Club, die Bundes- und Landesverbände für Karate, Kanu, Leichtathletik, Judo, Ruder, Rollsport- und Inline, Rugby, Schach, Schwimmen, Segeln, Tanz, Tauchsport, Tennis, Basketball,

Hockey und Tischtennis. Zuhause ist hier auch der Fußballverband Niederrhein und der Westdeutsche Fußball- und Leichtathletikverband. Auch der Behinderten-Sportverband Nordrhein-Westfalen e. V. hat hier seine Geschäftsstelle. Nicht weit entfernt steht außerdem das Bundes- und Landesleistungszentrum für den Kanurennsport. Man kann wirklich behaupten, dass fast jeder, der einmal in NRW Leistungssport betrieben hat, bereits in Duisburg gewesen sein muss. Mit dem Bau einer neuen großen Jugendherberge, die aufgrund ihrer Lage am Sportparkt auch als Jugendsporthotel verstanden werden kann, wird die Bedeutung des Areals für den Breiten- und Leistungssport noch einmal unterstrichen. Und sogar der größte Haken im Sportpark-Erscheinungsbild könnte mittelfristig wegfallen. Auf der Fläche der alten Jugendherberge in Wedau könnte ein neuer Bahnhof entstehen, der etwa bei Spielen des MSV oder großen Wettkämpfen das dann regelmäßig auftretende Verkehrschaos entscheidend entzerren könnte.

Nicht nur das Fußballstadion ist riesig. Die rund 50 Hektar große Sportschule Wedau ist eine der größten in Europa. Die 2008 erweiterte Regattabahn ist internationale Wettkampfstrecke für den Kanu- und Rudersport. Wenige Meter entfernt liegen für den Leistungssport nicht nur die Eishockeyhalle, ein Schwimmstadion und die MSV-Arena, sondern auch ein 2007 neu errichtetes Leichtathletikstadion, in dem fast 2.700

Das Zebra-Mobil rollt kreuz und quer durch die Stadt oder steht vor seiner Arena.

Auf der Regattabahn sind in den vergangenen Jahrzehnten schon viele internationale Wettkämpfe ausgetragen worden.

Menschen Platz finden. Diese Sportstätten machen Duisburg zum perfekten Ort für die alle zwei Jahre stattfindende Ruhrolympiade, die das größte regionale Sportfest in Europa ist. 2012 fand sie wieder in Duisburg statt. Rund 7.000 Sportler maßen sich in 22 Disziplinen und erst auf der Zielgeraden gelang es den Essener Sportlern die Duisburger Titelverteidigung zu verhindern. Bei der Ruhrolympiade, bei der elf Städte und vier Landkreise mitmachen, liegt Duisburg immer auf einem der vorderen Plätze. Neben den vielen Regattarennen, die bereits in Duisburg gefahren wurden (s. Kapitel 1) hatten auch andere große Sportveranstaltungen hier einen würdigen Rahmen. Am Rande des Sportparks erinnert heute noch die blaue übergroße Sichel an die Sommer-Universiade 1989. Das mit deutlichem Abstand größte Sportereignis der Stadt fand aber im Jahre 2005 statt.

Die Weltspiele wären fast wieder gekommen

Zu den World Games reisten über 3.000 Athleten aus der ganzen Welt an und maßen sich in 39 nicht-olympischen Sportarten. Darunter waren so attraktive Publikumssportarten wie Rugby, Fallschirmspringen oder Wasserski. Die meisten Disziplinen wurden natürlich im Sportpark ausgetragen. Über eine Million Menschen nahmen als Zuschauer an dem Spektakel, das von einem wunderbaren Kulturprogramm begleitet wurde,

Die Squadra Azzurra gastierte auf dem Weg zum WM-Titel 2006 im Landhaus Milser.

teil. Die World Games wurden so erfolgreich, dass noch während der Wettbewerbe überlegt wurde, die Sommerspiele erneut in Duisburg stattfinden zu lassen. Die World Games 2013 sollten so denn auch wieder in Duisburg und Düsseldorf stattfinden, doch der Rat der Stadt musste die Entscheidung mit Blick auf die Haushaltslage und auf Druck der Bezirksregierung zurücknehmen. Mehr als schade für die Spiele und die Duisburger, denen ein zweites denkwürdiges Sportfest damit versagt wurde.

Nur ein Jahr nach den World Games hatten dann übrigens ganz andere Sportler in Duisburg allen Grund zum Jubel. Die italienische Fußballnationalmannschaft gastierte während der Sommermärchen-WM 2006 im Hotel „Landhaus Milser", das dem ehemaligen Olympiasieger im Gewichtheben, Rolf Milser, gehört. Die Geschichte ist hinreichend bekannt – und wurde 2012 leider fortgesetzt. Sportstadt ist Duisburg aber vor allem wegen seiner Lage an den Flüssen und Seen. Von hier aus lassen sich auf ruhigen Nebenstrecken Radrundtouren über unzählige Orte beginnen.

Ideale Laufstrecken für Freizeitsportler gibt es aber auch in den Wäldern und vor allem rund um die Regattabahn, wo ein im Dunkeln beleuchteter fünf Kilometer langer Rundweg auf Jogger und Walker wartet. Ideales Austobegebiet sind aber auch die Sechs-Seen-Platte oder der Angerpark. Die Länge der Strecken, auf denen es sich

Die perfekte Joggingstrecke – Dank Sponsoren nachts mit Beleuchtung.

INSIDERTIPP: Über den Emscher Park-Radweg kann sogar die Route der Industriekultur per Rad oder, wer etwas länger Zeit hat, zu Fuß erkundet werden.

hervorragend laufen, Rad fahren, skaten oder reiten lässt ist unbekannt. Es dürften im Großraum Duisburg alles in allem aber ein paar hundert Kilometer zusammen kommen.

Wer es ganz anders mag, findet in Duisburg auch an mehreren Stellen die Gelegenheit, Golf zu spielen – längst nicht immer nur im elitär geprägten Umfeld.

Etwa auf dem ältesten Platz in Duisburg. An der Sechs-Seen-Platte ist der Niederrheinische Golf-Club seit 1953 angesiedelt und verfügt seit 1956 über seinen eigenen Platz. Ebenfalls im südlichen Stadtgebiet, in Huckingen, ist seit 2001 auf rund 80 Hektar die stadtweit größte Anlage „Golf & more" Zuhause. Wiederum nicht weit entfernt in Hüttenheim steht zwar kein weiterer Golfplatz, dafür eine Driving-Range, die zum Tennisclub Grunewald gehört: Eine Übungsfläche, auf der Golfer ihre Abschläge verbessern können. Doch auch im Norden kann seit 2005 gegolft werden. Auch im Golfclub Röttgersbach gibt es eine Driving-Range, sogar eine doppelstöckige. Diese Anlage lädt vor allem Anfänger dazu ein, Erfolgserlebnisse beim Putten zu erfahren.

Übrigens gibt es noch eine weitere Einrichtung, die in der Nähe des Hauptbahnhofes unter dem Namen „Golf Club" firmiert. Besuche hier sind aber wirklich alles andere als familientauglich! Auch der viel jüngere Ableger vom Golfsport, das Minigolf, ist in Duisburg zu Hause. Rund zehn Plätze stehen zur Verfügung. Am ungewöhnlichsten sind sicherlich die Indoor-Anlage in der Erlebnis-Gastronomie „Double Touch" in Kaß-

Der Rheinpark rückte Hochfeld endlich wieder ganz nah ans Wasser.

lerfeld, wo man auch Tischtennis, Darts oder alle Billardvarianten spielen kann, sowie die Schwarzlichtanlage im XXL-Sportcenter in Ungelsheim. Kurz nach der Einführung des Sports in Deutschland hat sich bereits 1962 sogar ein Minigolf-Club in Duisburg gegründet und bis heute gehalten.

500 Sportvereine/100.000 Mitglieder

Das Vereinsangebot in der Sportstadt ist wirklich gigantisch. Fast 500 Sportvereine mit 100.000 Mitgliedern sind laut Stadtsportbund in Duisburg eingetragen. Von American Football bis Wushu. Last but not least lässt es sich in Duisburg, möglichst aber nicht mit vollem Magen, hervorragend abtauchen. Und zwar nicht in der Halbwelt, sondern

im ganz wörtlichen Sinne in der Unterwasserwelt. Entweder wieder einmal in einem der Seen, in denen Tauchen möglich ist, oder im Landschaftspark Nord oder im Tauchcenter „Nullzeit", ebenfalls in Meiderich. Letzteres hat im Frühjahr 2010 den Betrieb aufgenommen. Ein ehemaliger Trinkwasserspeicher in den Ruhrauen wurde mit 16 Millionen Litern Wasser geflutet und in verschiedene Bereiche unterteilt. Erkundet werden können hier unter anderem das Wrack eines Piratenschiffes, ein Unterwasserfriedhof, eine Einkaufsstraße, ein künstliches Korallenriff. Als sogar größtes Indoor-Tauch- und -ausbildungszentrum Europas bezeichnet sich das Tauchrevier Gasometer im Landschaftspark. Hier gleiten die Froschleute durch eine Welt, die in 21 Millionen Liter Wasser getaucht wurde. Hier finden sich ein Flugzeug, ein künstliches Riff, ein archäologisches Feld, mehrere Plattformen in unterschiedlichen Tiefen und manches mehr. Wer das Tauchen lernen will kann sich an diese beiden Stellen wenden oder den Duisburger Unterwasser Club ansprechen – hier ist auch ein Schnuppertraining im Unterwasser-Rugby möglich.

Neben diesen Freizeitaktivitäten am und im Wasser sorgt die Stadt seit Jahren selbst dafür, dass die Wasserflächen, vor allem die Flüsse, wieder erlebbarer werden und den Bürgern bewusst wird, welch‘ schier unfassbare Vielfalt an Möglichkeiten direkt vor der Haustür liegen. Bestes Beispiel für die positive Umsetzung des Arbeitsauftrages „Duisburg an den Rhein" ist der Rheinpark in Hochfeld.

Auf einer ehemaligen Industriefläche wurde ein Park geschaffen, der allen Generationen neue Freizeitaktivitäten vor traumhafter Industrie- und Rhein-Kulisse ermöglicht. Hier kann relaxt und gejoggt, geskatet und flaniert werden. Auf den Wiesen kann man Drachen steigen lassen, Ball spielen oder einfach die Aussicht und den Tag genießen. „Die Industrie hatte sich früh die besten Plätze erobert. Jetzt, wo sie sich zurückzieht, robbt sich die Stadt langsam an die Wasserfront heran", hat dazu die Tageszeitung „Welt" bereits 2009 passend berichtet und den Artikel gleich ebenso zutreffend überschrieben: „Eine Stadt besinnt sich ihrer Stärken."

Duisburg hat sich zur Shopping-Hochburg gewandelt.

5. KAPITEL

DU, DIE EINKAUFSSTADT

Alles nur denkbar Mögliche von A bis Z gibt's garantiert beim Einkaufsbummel durch Duisburg. Erste Anlaufstelle ist natürlich die Innenstadt. Doch sie ist nicht die einzige Shoppingmeile in Duisburg. In allen sieben Bezirken und in vielen Stadtteilen gibt es Nebenzentren, die nicht selten ein umfassendes Angebot haben. Der Entwicklung, dass seit Jahren immer mehr große Discounter mit Megasortiment verblüffender Weise die Genehmigung erhalten, ein Geschäft nach dem anderen auf der grünen Wiese anzusiedeln, zum Trotze. Einmalig dagegen: Duisburg bekommt ein zweites Zentrum.

Links das City-Palais, rechts das Landgericht, geradeaus das Einkaufszentrum Forum.

Fragen Sie doch mal einen Duisburger, was er von Oberhausen hält! Jawoll, auch an dieser Stelle muss Platz für Lokalpatriotismusparolen sein. Oberhausen an sich ist mit dem Bau der „Neuen Mitte" eigentlich aufgegeben worden. Entlang der A3 sollten die Schilder deshalb eher zum „Centro" weisen (s. Kapitel 3.1). Wahrscheinlich wird der eine oder andere Duisburger und ganz bestimmt werden zahlreiche Oberhausener das deutlich differenzierter betrachten.

Aber fragen Sie doch einfach mal! Je jünger der Gefragte, umso höher die Wahrscheinlichkeit, dass er davon erzählt, neulich beim Essen, Party feiern, Konzert- oder Kinobesuch oder Kneipenbummel im Centro gewesen zu sein. Oder es folgt eine Beschreibung des Kleiderschranks, der voll mit im Centro gekauften Klamotten hängt, weil das Parken hier – auf der ehemals grünen Wiese – doch schließlich umsonst ist. Aber immer bedeutet das, dass der Gefragte:

1. Die Anreise mit dem Auto gewählt und die Oberhausener Innenstadt dabei noch nicht einmal gestreift, oder
2. Als Transportmittel Bus und Bahn gewählt hat, dann bestenfalls am Oberhausener Hauptbahnhof umgestiegen ist und die Innenstadt noch nicht einmal gesehen hat.

Duisburg dagegen hat eine „richtige" Mitte. Eine Innenstadt. Und was für eine! Längst reisen die Menschen wieder aus den umliegenden Regionen zu Shoppingtouren nach Duisburg an. Hier ist so Vieles neu entstanden und ständig kommt etwas Neues hinzu. In kaum einer Großstadt hat sich die City in den vergangenen Jahrzehnten so entwickelt, wie in Duisburg.

Duisburg, Deine Innenstadt

Um es mit dem Star-Architekten Sir Norman Foster zu sagen, der für die Entwicklung der Stadt manchmal so wichtig wirkt, wie Johannes Gutenberg für den Buchdruck: „Duisburg ist the place where things really happen." (übersetzt: Duisburg ist der Ort, wo die Dinge wirklich passieren) Die Stadt Duisburg hat Foster den Innenhafen zu verdanken, wie er heute sich weiter verändernde Realität ist. Von 1991 bis 2003 werkelte Foster am Gesamtobjekt Innenhafen herum. Auch wenn manches noch fehlt – zum Beispiel das Eurogate am Holzhafen – ist ihm hier ein großer Wurf gelungen. Ein ganz großer. Möglich wurde das zum einen, weil Politik und Verwaltung relativ geschlossen hinter dem ungewöhnlich umfangreichen Projekt standen.

Eine Straße mit viel Tradition: Der Sonnenwall in der Innenstadt.

Duisburg hat einen Masterplan

Und weil der Erfolg alle begeisterte bekam der britische Architekt 2007 gleich einen Folgeauftrag: „Lord Foster baut Duisburg", begeisterte sich die Stadt Anfang 2007 ganz offiziell, als der neue Masterplan für die Innenstadt öffentlich vorgestellt wurde. Damit ist Duisburg die erste Großstadt in Deutschland, die unter den Vorgaben Arbeiten, Wohnen, Freizeit und Wasser einen Gesamtplan zur Umgestaltung der Innenstadt umsetzen will.

Seitdem tut sich im Großraum Innenstadt rein gar nichts mehr – egal ob Baumpflanzung oder Ampelverlegung – ohne den Verweis „so wie es der Foster-Plan vorsieht" oder auch „steht im Gegensatz zum Foster-Plan". Wenn man sich daran aber einmal gewöhnt hat, muss man attestieren, dass Foster auch mit dem auf 30 Jahre angelegten Masterplan Innenstadt gute Arbeit geleistet hat.

Der Plan sieht – sehr verkürzt – vor:

- Weniger Straßen, mehr Wasser und viel mehr Grün
- Der Burgplatz am Rathaus wird der neue Hauptplatz
- Ein Innenstadtring lenkt den Verkehr neu
- Stärkere Nutzung des Bereichs um den Hauptbahnhof
- Neugestaltung der Königstraße mit Wasserlauf und Grünflächen
- Umbau des Marientor-Platzes und der Berufskollegfläche um Bauflächen für Wohnungen zu schaffen

Wie beim Innenhafen müssen die Maßnahmen fast vollständig von Investoren getragen werden, wobei sich dort zeigte, dass das funktionieren kann. In den kommenden 15 Jahren, so plant die Innenstadt-Entwicklungsgesellschaft, sollen deshalb rund 88 Millionen Euro verbaut werden, um gleichzeitig Folgeinvestitionen zu ermöglichen. Das klingt gut, bleibt aber Zukunftsmusik. Blicken wir auf den Status quo. Denn bereits heute braucht sich die Duisburger Innenstadt nicht mehr zu verstecken.

Eine breite Einkaufsmeile

Wenn er von der Innenstadt spricht, meint der Duisburger die Haupteinkaufsmeile, die Königstraße, aber auch der davon abgehende Sonnenwall, die Wallstraße, der Teilbereich der Düsseldorfer Straße, der bis zum Lifesaver geht, Kuhstraße und Münzstraße sowie einige weitere Straßen im Umfeld gehören dazu. Das große Plus der Stadtplaner ist die Königstraße. Sie ist 600 Meter lang – Geschäfte finden sich überwiegend auf der südlichen Seite, während die andere Seite von Banken, Landgericht oder anderen Institutionen genutzt wird. Und sie ist breit. So breit, dass Dank der Brunnen an mehreren Stellen der Eindruck entsteht, man befinde sich auf einem innerstädtischen Platz. Früher fuhren hier Autos und Straßenbahnen, heute ist sie komplett verkehrsberuhigt – nur Fahrradfahrer dürfen weiter rollen. Ein besonderes Alleinstellungsmerkmal ist die arkadenartige Überdachung auf fast der gesamten Länge. Sie ermöglicht, dass auch bei Regen und Schnee der Innenstadtbesucher trockenen Fußes flanieren kann.

Dass die City neue Impulse braucht, darüber war man sich in Duisburg lange einig. Paradebeispiel für die Negativentwicklung über Jahrzehnte war das Averdunk-Centrum, benannt nach dem Stadtforscher Heinrich Averdunk. Dieses Einkaufszentrum aus den 1980er Jahren lief nur die ersten Jahre erfolgreich und verödete dann. Auch wegen der Streitigkeiten der vielen einzelnen Besitzer hat sich der Zustand bis heute nicht wesentlich verbessert.

Auf der Königstraße lässt es sich auch bei Regen trockenen Fußes shoppen.

Seit 2008 schmückt das Forum die City und lädt ganzjährig zum Bummeln ein.

Die Frage, die in der Innenstadt lange jede Entwicklung hemmte, war, wo neue Impulse anzusiedeln seien. Die einen wollten unter dem Namen „Multi Casa“ die Güterbahnhofsfläche, die Jahre später wegen der Loveparade-Katastrophe traurige Berühmtheit erlangte, bebauen und auf über 150.000 Quadratmeter (zum Vergleich: das Centro hatte zu Beginn 70.000 qm) das größte innerstädtische Einkaufszentrum der Republik errichten. Die anderen wollten lieber die bestehende Innenstadt aufpolieren. Ein Wunsch, der sich letztlich durchsetzte. Heute wirkt die Königstraße wie verwandelt. Sie wurde zur Prachtmeile.

Es entstand das rund 57.000 qm große Einkaufszentrum „Forum“ gegenüber des König-Heinrich-Platzes. Im Forum sind rund 80 Geschäfte und gastronomische Betriebe vertreten und die 65 Meter hohe goldene Leiter, die aus dem Eingangsbereich in den Himmel ragt, ist ein neues Wahrzeichen der Stadt geworden. Hoch oben im Gastronomiebereich der Mall bietet sich von einer Dachterrasse ein phänomenaler Blick über die Königstraße und das gänzlich neu gestaltete Umfeld. Mit dem Forum, das im September 2008 eröffnet wurde, wurde auch das Parkleitsystem in Betrieb genommen. Aufgrund der zentralen Lage sind die 1.200 Parkplätze, die zum Forum gehören, nicht kostenlos. Aber immer mehr Geschäfte schließen sich zusammen, um die Kunden bei den für eine Zentrumslage bislang vergleichsweise günstigen Gebühren zu entlasten. Täglich kommen rund 30.000 Besucher in die Mall. Der „Internationale Verband der Shoppingcenterindustrie“ kürte das Forum 2011 zum „besten Europäischen Shoppingcenter“.

Das Forum ist nicht die letzte große Baumaßnahme in der Innenstadt. Es war aber auch nicht die erste. Der Wandel der Königstraße begann mit dem Abriss der alten Mercatorhalle und dem Neubau des „City-Palais“ 2005. Natürlich kann man auch bei diesem Namen den Kopf schütteln, aber fast hätte das Objekt den Namen „Urbanum“ bekommen ...

Die Lizenz zum Spielen

Mit dem Veranstaltungs- und Kongresszentrum und dem umgestalteten König-Heinrich-Platz begann eine neue Ära in der Innenstadt. War die Stadt früher auch an milden Frühlingssamstagen außerhalb der Feste selten dicht bevölkert, bietet sich heute fast immer ein anderes Bild. Menschen sitzen und verweilen auf den Rasenflächen mit dem Blick auf Stadttheater, Landgericht, Forum und City-Palais und Kinder spielen in den Brunnen. Dabei reagierten viele Duisburger auf die Eröffnung des City-Palais zunächst mit Ernüchterung. Es gab nur einige wenige Geschäfte und die Gastrobetriebe wechselten schnell Besitzer und Namen oder schlossen ganz. Dabei war das City-Palais nie als Einkaufszentrum gedacht, sondern sollte vor allem der neuen Konzerthalle eine innerstädtische Heimat und dem Spielcasino einen angemessenen Rahmen geben. Denn eigentlich begann die wunderbare Wandlung der Duisburger Innenstadt bereits 1999, als Duisburg die letzte der vier Casino-Lizenzen für NRW ergatterte und die Frage, wo eine Spielbank in gut erreichbarer Lage entstehen kann, dringlich wurde. Im Februar 2007 rollten im Casino im City-Palais zum ersten Mal die Roulettekugeln und drehten sich die Walzen in den einarmigen Banditen im Automatenspielcasino, das über 350 Spielgeräte umfasst. Für das klassische Casinospiel gibt es 30 Tische. Das Casino Duisburg gilt als eine der modernsten Spielbanken in Deutschland. Im City-Palais ist auch die Tourist-Information der Stadt angesiedelt.

Hoffnung für die Münzstraße

Die hier angestoßene Innenstadtentwicklung hat sich inzwischen auch in Richtung der lange vernachlässigten Münzstraße entwickelt. Es klingt verwunderlich, doch ein Geschäft mit dem Namen „Knüllermarkt“ hat sich in Duisburg über Jahre zu einem

Die Königsgalerie am Ende der Königstraße öffnete Ende 2011.

absoluten Frequenzbringer entwickelt. Als der Laden 2011 aus seinem angestammten Quartier ausziehen musste, zog es ihn in ein leer gezogenes ehemaliges Mode-Kaufhaus und dort wird auf nun 3.000 qm weiter geknüllert. Der Knüllermarkt ist irgendwo zwischen Euro-Shop, Krimskramsladen, Möbelhalle und Gartengeschäft anzusiedeln. Die selbst gewählte Bezeichnung Dekoparadies ist aber ebenso nachvollziehbar. Damit wurde auch die Münzstraße wieder voller. Kuhstraße im Osten und Münzstraße im Westen waren übrigens bis Anfang der 1990er Jahre mit einem Tunnel verbunden – damals war auf beiden Straßen noch fast gleich viel Betrieb.

Dass der vom Hauptbahnhof betrachtet rückliegende Bereich der Innenstadt eine glänzende Zukunft vor sich hat, zeigt der Teil des Foster-Plans, der sich Richtung Rathaus, Innenhafen und Ruhr konzentriert. Ende 2011 wurde hier bereits das zweite große Einkaufszentrum in der Innenstadt errichtet. In der „Königsgalerie“ sollen langfristig höherwertigere Geschäfte Einzug finden. Hier ist kein zweites Forum entstanden, in dem die gleichen Ketten eine weitere Dependance einrichten. Was nicht heißt, dass Duisburg auf Prada und Cartier hofft.

Der Name Königsgalerie (an der Königstraße) wird im Inneren des Einkaufszentrums verdeutlicht: Im Obergeschoss hängt eine goldene Uhr in Kronenform. Die sieben Einzelteile der zweieinhalb Meter breiten Krone bewegen sich über eine Strecke von sechs Metern und bilden jeweils zur vollen Stunde die komplette Krone. Damit wird auch auf den Sachsenkönig Heinrich I. angespielt, der in Duisburg im 10. Jahrhundert eine Kurpfalz unterhielt. Wenn die Königsgalerie voll vermietet ist, bieten 50 Geschäfte hier ihr Angebot feil. So schmuck das neue Einkaufszentrum aber auch ist, die Herzen der Duisburger konnte die Königsgalerie noch nicht erobern. Wirklich voll war es in den ersten Monaten selten. Doch der Durchbruch zu den alten Traditionsladenstraßen Wallstraße und Sonnenwall ist bedeutend.

Und noch eine Attraktion

Wenn dann noch die andere Seite der Königstraße umgebaut ist, dürfte sich auch die Königsgalerie ähnlich gut wie das Forum entwickeln. Denn nur eine Hauptstraßenbreite entfernt entsteht schon das nächste Highlight, das die Duisburger Innenstadt kräftig aufwerten wird. Das „Stadtfenster“. Hier sollen demnächst Volkshochschule und Zentralbibliothek an einem Standort vereint werden. Wie auch das Casino hat dieses Projekt nicht direkt etwas mit dem Profil Duisburgs als Einkaufsstadt zu tun, aber die Anziehungskraft einer Stadt auf Kunden aus anderen Städten und Regionen oder wie in Duisburgs Fall auch aus den Niederlanden hängt nun einmal eng mit dem Gesamtangebot zusammen. Und da bietet ein modernes vielschichtiges und hochwertiges Bildungs- und Unterhaltungszentrum ein Unterscheidungsmerkmal zu fast allen anderen Städten. Außerdem wird in der unteren Etage des

MULTI DEVELOPMENT: Mit dem Forum, der Königsgalerie und dem Stadtfenster ist die „Multi Development Germany“ mittlerweile für drei der Mammutprojekte in der Innenstadt verantwortlich. Das Mutterunternehmen, die holländische „Multi Corporation“ ist europaweit einer der größten Planer, Entwickler und Betreiber von Stadtentwicklungs- und Einzelhandelsprojekten. Das 1982 in den Niederlanden gegründete Unternehmen beschäftigt laut eigenen Angaben circa 700 Mitarbeiter, in Deutschland rund 70 Mitarbeiter. In über 20 Ländern wurden bereits über 130 Projekte umgesetzt. Für Multi Development soll Duisburg weiter eine wichtige Rolle spielen. Geplant ist der Bau der Deutschlandzentrale im Übergang zwischen Hauptbahnhof und Königstraße bis 2014. Gleich nebenan wird zudem ein neues Hotel entstehen – aber damit hat MD nichts zu tun.

Stadtfensters eine rund 4.000 qm große Einzelhandelsfläche geschaffen. Gleichzeitig entstehen mit dem Bau des Stadtfensters an zwei anderen prominenten Punkten in der Stadt neue Möglichkeiten.

Denn mit dem Umzug des Kaufmännischen Berufskollegs weg vom Rathaus in den Uni-Stadtteil Neudorf wurde eine weitere Fläche im Übergang von Innenstadt und -hafen frei. Ein gewaltiges Potenzial und eine Tummelwiese für die Stadtplaner. Derzeit versuchen sie den Burgplatz neu zu gestalten, der seit Ewigkeiten überwiegend als Parkplatz genutzt wird und trotz des fabelhaften Panoramas mit Salvatorkirche und Rathaus kaum Aufmerksamkeit erregen kann.

Durch all die Veränderungen, die in deutlich weniger als zehn Jahren umgesetzt wurden – die aber, siehe Casino-Lizenz, schon sehr viel früher vorbereitet wurden – hat sich nicht nur das Stadtbild verändert. In der Duisburger Innenstadt ist ein neues Lebensgefühl spürbar. Und das macht sich auch in den Kassen der Kaufleute bemerkbar. Die sogenannte Zentralitätskennziffer, die die Attraktivität einer Innenstadt und die Anziehungskraft auf auswärtige Kunden angibt, liegt laut Industrie- und Handelskammer mit 99,4 noch immer unter 100 Prozent. Das bedeutet weiterhin einen wertvollen Kaufkraftverlust. ABER! Und das kann an dieser Stelle gar nicht groß genug geschrieben werden. 2004 lag diese Ziffer noch bei 92,7. Eine immense Steigerung, die mit der Innenstadtentwicklung in eine konkrete Beziehung zu setzen ist. Als Oberzentrum für den Niederrhein sollte sich Duisburg vor diesem Hintergrund in wenigen Jahren auf einem konstanten Niveau deutlich über 100 einpendeln.

Entscheidend dazu beitragen dürfte auch das Möbelzentrum, das auf dem Gelände des ehemaligen Güterbahnhofs entsteht. Möbel-Gigant Kurt Krieger, der mit den Höffner Möbelhäusern ein 6.000 Mitarbeiter starkes Imperium geschaffen hat, baut dort für 120 Millionen Euro ein rund 80.000 qm großes Einrichtungszentrum mit Möbellager, das ab 2013 eines der Kernstücke der „Duisburger Freiheit“ sein wird.

Das städtebauliche Großprojekt Duisburger Freiheit, fast 100 Hektar in der Fläche, wird nicht nur die Innenstadt, sondern das gesamte Erscheinungsbild der Stadt verändern. Die alte Führung der Autobahn 59 wurde umgekrempelt, die Güterbahnhofshallen sind abgerissen und der Verbindungstunnel nach Neudorf erheblich verkürzt. Doch das ist nur der Rahmen zum Gemälde. Ausmachen wird die Duisburger Freiheit vor allem ein innenstadtnaher Mix aus Gewerbe, Büroflächenstandort, die Rede ist von 5.000 Arbeitsplätzen, und Grünanlage.

Duisburg – die Stadt mit zwei Zentren

So, und jetzt halten Sie sich mal fest! Es ist nämlich so: Während Duisburg auf der einen Seite, bzw. in der Mitte noch fleißig am Stadtzentrum herum werkelt, wird ein paar Kilometer weiter nördlich schon das nächste Zentrum gebaut. Die „Neue Mitte" – Oberhausen lässt grüßen?

Wie in Oberhausen wird es ganz bestimmt nicht werden, dafür ist die neue Innenstadt viel zu schön. Eine ganz neue Situation für den Handel in Duisburg und der gesamten Region wird dennoch entstehen. Denn in Hamborn soll für stolze 125 Millionen Euro ein Factory-Outlet-Center (FOC) namens „Douvil" (Duisburg Outlet Village) entstehen. Geworben mit der Ansiedlung „in the heart of North Rhine" wird bereits seit 2011. Dieses zweite Zentrum richtet sich jedoch nicht in erster Linie an die Duisburger, sondern an die 24 Millionen Menschen, die im Umkreis von anderthalb Autostunden leben. Für den Bau mussten die altehrwürdige Rhein Ruhr-Halle, die aber ohnehin nicht mehr genutzt wurde, und 400 Wohnungen weichen.

Die Experten sind sich durchaus uneins, ob ein zweites Zentrum dem ersten Zentrum nicht in Sachen Zentralitätskennziffer das Wasser abgräbt. Ob und wenn ja in welchem Maße die Duisburger Innenstadt Schaden nimmt, wenn in Hamborn ein zweites Zentrum entsteht, wird sich zeigen. Fakt ist: Das Zweitzentrum ersten Ranges ist 2010 vom Rat beschlossen worden. Die Entwickler sind ohnehin überzeugt, dass sich der Plan positiv auf die Kaufkraftentwicklung und Arbeitsmarktsituation in ganz Duisburg auswirken wird und spekulieren auf bis zu zwei Millionen Besucher im ersten Geschäftsjahr. Das Outlet Village nach Roermonder Vorbild soll Ende 2013 öffnen und in Phase 1 auf einer Gesamtmietfläche von 19.000 qm rund 90 Geschäfte beherbergen. Allesamt in eingeschossiger Bauweise. Dazu sollen fast 2.000 Parkplätze gebaut werden.

In einer zweiten Bauphase soll das Factory Outlet Centrum auf 31.000 qm Raumfläche wachsen. Dann sollen in Hamborn 2.500 zusätzliche Parkplätze entstanden sein. Roger Sevenheck, Geschäftsführer der die German Development Group, die das FOC errichtet in einem WAZ-Interview: „Wenn Duisburg kein Outlet Center baut, wird es in Nachbarstädten gebaut. Wir schädigen die Innenstadt nicht, weil wir kein Nahversorger sind und unsere Besucher nicht täglich kommen. Die meisten würden sonst nie nach Duisburg fahren. Ein Händler aus Marxloh hat mir gesagt: „Wenn wir es nicht schaffen von den Besuchern ein Prozent für uns zu gewinnen, dann liegt es an uns selbst." Gut für die örtlichen Händler wird es in jedem Falle sein, dass die Abfahrt der A59 saniert wird.

Der Garten der Erinnerung kann ein Hort der Ruhe sein.

Nicht nur in puncto Kleidung wird Hamborn in gewisser Konkurrenz – oder auch Ergänzungsfunktion – zur Innenstadt stehen. Bereits vor Jahren entstand das damals größte Ikea-Möbelhaus Deutschlands in Meiderich und gleich nebenan will nun auch der nächste Möbelspezialist ein Geschäft eröffnen. Doch die Möbelgiganten Ostermann und Krieger betonen, dass sie keine Angst vor dem Mitbewerber haben und davon ausgehen, dass die Konkurrenz das Geschäft belebt. Das soll auch für die Geschäfte gelten, die sich dann im zweiten Zentrum ansiedeln. Im Duisburger Norden leben rund 200.000 Menschen. Ausreichend Kunden, um ein eigenes Hauptzentrum mit Leben und Umsatz zu füllen. Gleiches gilt für die Innenstadt. Zumal sowohl bei allen Möbelhäusern, als auch bei Douvil nur ein kleiner Teil der Kunden aus Duisburg kommen werden.

Nach der Douvil-Öffnung sollen dann im nächsten Schritt weitere Einzelhandelsflächen entlang eines Boulevards zwischen Hamborn und Marxloh entstehen. Wenn es gut läuft, ist das die Chance für beide Stadtteile aus einem langen Abwärtsstrudel herauszukommen.

Duisburgs wichtige Nebenzentren

Die flächenmäßige Größe der Stadt hat traditionell stets begünstigt, dass sich in allen Stadtbezirken Nebenzentren gebildet haben. Durch die starke Konzentration von Händlern auf manche Kernbereiche und Außenbezirke wurden diese Nebenzentren geschwächt, teilweise sogar ausgehungert. Doch es gibt sie weiterhin und sie sind vielerorts noch sehr lebendig. Und, egal was kommt, es wird sie auch in vielen Jahren noch geben.

Dafür stehen 22 Werbegemeinschaften. Sie vertreten in den Stadtteilen nicht nur die Interessen der ansässigen Händler. Die Mitglieder der Werbegemeinschaften machen aus der Stadt Duisburg eine Arbeitsgemeinschaft in Sachen Handel. Ob in den großen Nebenzentren wie Homberg, Rheinhausen oder Walsum oder in den vielen Einzelstadtteilen. Die gemeinsame Verständigung mit den örtlichen Vereinen und Gemeinden, wann verkaufsoffene Sonntage am günstigsten sind, wann Stadtteilfeste stattfinden oder wann Rabattaktionen durchgeführt werden trägt dazu bei, dass die Ortsteile nicht aussterben werden.

In allen sieben Stadtbezirken gibt es, wie hier in Neudorf, lebendige Nebenzentren.

Die Wochenmärkte sind der größte Supermarkt der Stadt.

INSIDERTIPP: Wenn Sie einen Markt erleben wollen, der nicht nur randvoll mit Menschen, sondern auch (orientalischen) Waren ist, müssen Sie nach Hamborn. Der Markt findet drei Mal pro Woche statt (dienstags, donnerstags, samstags) und ist mit bis zu 170 Ständen der größte Wochenmarkt im Großraum Duisburg. Vor allem fließen hier aber die Kulturen ineinander. Unter anderem wetteifern hier türkische und deutsche Händler lauthals um die Gunst des Publikums. Und wenn Sie nach 12 Uhr mittags kommen, fallen die Preise des frischen Gemüses dramatisch. Und nach dem „Kampf" um die schönste Paprika können Sie sich dann gleich noch von der Mitbewerberin erklären lassen, was Sie zuhause mit all den Leckereien anfangen können, die es am Nachbartisch zu kaufen gibt. Denn auch hier gibt es dann die Lahmacun (türkische Pizza!) zum ... guten Preis. Verhandeln Sie selbst! Etwas, aber wirklich nur etwas, weniger los ist auf dem Hochfelder Wochenmarkt, der ebenso zu empfehlen und kunterbunt ist.

Maßgeblichen Anteil daran, dass auch Ältere und Menschen ohne Auto nicht abgekoppelt werden, hat die Kommunalpolitik, die dafür verantwortlich zeichnet, zu organisieren, welcher Händler wohin zieht und in welchem Umfang die Stadtteilzentren finanziell und strukturell unterstützt werden.

Der größte Supermarkt der Stadt ist aber ohnehin regelmäßig in allen Stadtteilen vertreten. Das Wochenmarkt-Privileg bekam die Stadt Duisburg schon im Jahre 1408. In jeder Woche finden in Duisburg 60 Wochenmärkte auf fast 30 Plätzen und mit 26.000 laufenden Metern Warenauslage statt. Die 900 überwiegend regionalen Händler bringen neben Obst, Gemüse und Fleisch auch Milchprodukte, Gewürze, Schmuck und Kleidung in die Stadtteile.

Schließen wir an dieser Stelle mit zwei wirklich schönen Tipps: Der erste ist ganz kurz: Wenn Sie heiraten wollen, aber noch nicht wissen, was Sie anziehen wollen/können oder wenn Sie sich generell etwas festliches zum Anziehen kaufen wollen, dann fahren sie zur Brautmodenmeile nach Marxloh und gucken Sie sich in den rund 40 Läden um. Und wenn Sie HIER nicht fündig werden, fahren Sie nach Paris, Mailand oder New York oder überdenken Sie ihre Ansprüche.

Und dann wäre da noch der zweite Tipp: „Asiartis". Hier hat Malte Heinz in vielen Jahren Altes und sehr Schönes aus ganz Asien nach Kaßlerfeld gebracht. Es gibt Accessoires, Naturkosmetik, Textilien und esoterischen Krimskrams. Und es gibt aus Fernost importierte Möbel und Kunstgegenstände für innen und außen.

Auf den großen Wochenmärkten gibt es nicht nur frisches Obst und Gemüse.

Malte Heinz in seiner asiatischen Schatzkammer.

Manchmal sind diese Stücke richtig alt und werden hier fachgerecht überarbeitet. Damit die Möbel, die in Deutschland einer anderen Luftfeuchtigkeit als im Ursprungsland ausgesetzt sind, noch Generationen erfreuen. „Nicht alles ist antik, aber alles ist echt, nichts wurde nachgemacht", berichtet der Eigentümer, der zu fast jedem Stück eine Geschichte aus einer anderen Welt und einer anderen Zeit auf Lager hat.

Wenn am Innenhafen die Sonne langsam untergeht ...

6. KAPITEL

DU ÜBER NACHT

Die Touristenzahlen im Ruhrgebiet und am Niederrhein steigen stetig. Ein Trend, den Duisburg zu verschlafen drohte. Doch nun ist die Stadt aufgewacht und widmet sich der Aufholjagd. Das bekannteste Haus der Stadt hat umfassend modernisiert, ein neues Hotel am Hauptbahnhof soll helfen, die Lücke der fehlenden Zimmer im höheren Preissegment weiter zu schließen. Und dann hat Duisburg am Sportpark auch noch eine der modernsten Jugendherbergen Deutschlands bekommen deren Bau auch andere Pläne zur Stadtentwicklung vorantreiben kann.

Das Hotel Conti liegt zentral (links). Der Eurohof in Baerl idyllisch im Grünen (rechts).

Übernachten in Duisburg

Wer in den vergangenen Jahren nach Duisburg kam und hier übernachten wollte, hatte einigen Grund zu Klagen. Von November 2010 bis Juli 2012 mussten Hotelgäste die sogenannte Bettensteuer entrichten. Aufgrund eines Urteils des Bundesverwaltungsgerichts stoppte die Stadt dann diese Steuer, wie es langfristig weitergeht steht dabei in den Sternen. Den Hoteliers wird dabei mindestens ein Stein vom Herzen gefallen sein, hatten sie doch in den zwei Bettensteuerjahren diese Praxis häufig als existenzgefährdend kritisiert. Die Steuer sah vor, dass fünf Prozent vom Brutto-Übernachtungspreis an die Stadt gehen. Und tatsächlich, die Zahl der Übernachtungen, im Kulturhauptstadtjahr 2010 kräftig nach oben geschnellt (+ 13 Prozent), sank entgegen des Landestrends und dem der umliegenden Städte rapide um rund sieben Prozent.

Dabei fehlen in der Stadt vor allem im gediegenen Drei-Sterne-Superior- und Vier-Sterne-Bereich Hotelbetten. So fanden große Tagungen schon deshalb nicht in der Mercatorhalle statt, weil es den Organisatoren nicht gelang in Duisburg 300 Betten in

Kein Hotel, aber eines der bekanntesten Häuser der Stadt, das Tausendfensterhaus.

Vier-Sterne-Häusern ausfindig zu machen. Und auch insgesamt ist die Verteilung der Hotelbetten nicht ideal. Nur zwei Hotels, das Mercure und der Duisburger Hof, können überhaupt mehr als 100 Gäste gleichzeitig aufnehmen. Das alles genügt zwar locker für die rund 400.000 Hotelübernachtungen pro Jahr, doch der Plan sieht vor, durch Konkurrenz das Geschäft zu beleben. Denn die Zahl der Gäste soll wieder steigen.

Die Chance, dass sich diese Statistik verbessert ist durchaus berechtigt. Zum einen, weil Kurzurlaube in Deutschland immer beliebter werden und zum anderen, weil sowohl Ruhrgebiet als auch Niederrhein immer mehr Zuspruch bei Touristen finden, wie es das Statistische Landesamt vorrechnet. 2011 kamen fünf Prozent mehr Gäste nach Nordrhein-Westfalen als im Vorjahr, die Übernachtungszahl stieg um 5,1 Prozentpunkte. Im Ruhrgebiet fiel die Steigerung geringer aus, doch auch hierher kamen immerhin 1,6 % mehr Gäste, die Übernachtungsbetriebe zählten 4,6 % mehr Gäste. Am Niederrhein verbesserte sich die Gästezahl gar um fünf Prozent, die der Schlafgäste um

Der Duisburger Hof wurde 2012 umfassend modernisiert und erweitert.

starke 8,5 %. Die Zahlen für 2012 werden noch deutlich besser ausfallen. Davon profitieren alle Städte und Gemeinden und künftig auch Duisburg, wenn die lange gehegten Hotelneubaupläne endlich in die Tat umgesetzt werden. Aber dazu später mehr.

Das „Bitte nicht stören-Schild" kommt weg

Viele Jahre wirkte es fast so, als habe jemand ein „Bitte nicht stören-Schild" vor die hiesige Hotelszene gehängt. Denn die Erkenntnis, dass es in der Stadt an neuen Betten fehlt, ist uralt. Und so wurde immer wieder mal ein Hotelplan hier vorgestellt oder ein Hotelstandort dort diskutiert. Doch Schwamm drüber. Jetzt wird alles besser. In der Zukunft wird Duisburg wieder selbst das Zepter in der Hand halten und seine Gäste in hohen Zahlen nicht mehr an die Nachbarstädte – zum Beispiel nach Oberhausen – verlieren. Der Anfang ist gemacht. Das Grand-City-Hotel Duisburger Hof hat in einer 18-monatigen Radikalkur bis zum Frühjahr 2012 sein Kontingent von 39 auf 109 Zimmer und Suiten, darunter die 65 qm große Hochzeitssuite und seinen Ruf „als erstes Haus am Platz" im wahrsten Sinne des Wortes ausgebaut und dies – traut man den einschlägigen Hotelbewertungsseiten im Internet – mit gutem Erfolg.

Auf den Meinungsportalen kommen einige Duisburger Hotels in allen Kategorien bei den Gästen ausgezeichnet weg. Wobei es für jeden Geldbeutel die passende Unterkunft gibt. Über 50 Hotels, darunter ganz günstige, in denen Gäste sich ab 35 Euro pro Nacht einmieten können, und eine Handvoll Vier-Sterne-Häuser, gibt es insgesamt. Dazu kommen noch einige Ferienwohnungen oder private Zimmervermietungen. Letztere sind in der Regel vor allem für Geschäftsreisende sowie Monteure, also Arbeiter auf Montage, interessant.

570 Betten rund um den Sportpark

Die stadtweit mit Abstand meisten Betten für Freizeitgäste bietet derweil ein Haus, das in keinem Bewertungssystem gelistet ist und in dem nicht jeder einchecken kann. Es liegt am Rande des Sportparks und ist weithin sichtbar. Seit 1981 bietet die Sportschule Wedau in einem 55 Meter hohen Gebäude bis zu 350 Sportlern Platz. Die Gäste der Sportschule werden hier während ihres Aufenthaltes komplett verpflegt, wobei der Hunger bei einigen Besuchern groß ist. Schließlich gibt es rund um das im Volksmund

Hier auf dem ehemaligen Parkplatz 5 des Stadions entsteht die neue Jugendherberge.

„Bettenturm“ genannte Hochhaus zig Übungsstätten für den Leistungs- und Breitensport. Den besten Blick auf das Angebot gibt es – exklusiv für Gäste - von der sechseckigen Aussichtsterrasse des Bettenturms.

Damit jedoch noch nicht genug. Am anderen Ende des Sportparks, auf dem einstigen Parkplatz 5 des MSV-Stadions, öffnet 2013 eine der modernsten Jugendherbergen Deutschlands. In 30 Zwei- und 40 Vierbettzimmern entstehen 220 neue Schlafplätze, die vor allem an ein sportlich aktives Publikum gerichtet werden.

INSIDERTIPP: Duisburgs Hotellandschaft ist abwechslungsreich. Die meisten Hotels finden sich in der Innenstadt oder in ihrer Nähe, doch es gibt auch dezentrale Unterkünfte. Eine der wohl am schönsten gelegenen ist der Eurohof in Baerl. Die Zufriedenheit eines einzelnen Gastes mit einem Hotel spiegelt immer nur eine Einzelmeinung wieder, der Eurohof verteidigt allerdings nicht nur einen guten Ruf, sondern kommt auch bei den Bewertungsseiten im Internet bestens weg. Bei Tripadvisor, Holidaycheck, HRS und booking.com schwärmen viele zufriedene Gäste von dem Landgasthof, der gleich neben dem beschaulichen Uettelsheimer See liegt. Apropos beschaulich. Es gibt wohl kein Wort, das die Lage des Eurohofs zutreffender beschreibt. Morgens quaken Frösche und krähen Hähne und manchmal dröhnen die Motoren der Traktoren. Vor allem ist das Umland aber Pferdehochburg. Rund um den Eurohof leben mehr Gäule als in einer texanischen Kleinstadt. Die 2003 eingeweihte Vier-Sterne-Hotelanlage nebst angeschlossenem Restaurant liegt gute zehn Kilometer vom Stadtkern entfernt, bis zur Moerser Innenstadt sind es nur fünf Kilometer. Ein Landgasthof mit Ausgehmöglichkeit.

Die komplett barrierefreie 13 Millionen Euro teure Herberge verfügt über eine eigene Turnhalle, einen Kunstrasenplatz und einen Fitnessbereich mit Sauna. Die zentral gelegene Jugendherberge, Nummer zwei neben dem 142 Betten-Haus am Landschaftspark, könnte außerdem auch auf andere Weise Bewegung in die Stadt bringen. Sie liegt schon jetzt zentral, sind es von hier bis in die Innenstadt doch nur vier, bis zum Hauptbahnhof nur drei Kilometer.

Mit dem Neubau könnte aber auch direkt nebenan ein neuer Bahn-Haltepunkt entstehen, der dann auch den bislang relativ schlecht ans ÖPNV-Netz angebundenen Sportpark mitsamt Stadion bedienen wird. Und dann gibt es da noch die acht Hektar große Schotterhalde zwischen Stadion und Altem Friedhof, die nur einen schwachen Steinwurf entfernt liegt und die kaum ein Duisburger kennt, da sie etwas erhöht liegt und zum

Wer als Tourist nach Duisburg kommt, darf einen Spaziergang um die Sechs-Seen-Platte nicht verpassen.

Bahngelände gehört. Hier könnte ein Eldorado für Mountainbiker und Kletterer entstehen – inklusive Seilrutsche bis hinüber zum Parallelkanal. Noch ist das Zukunftsmusik. Aber wer weiß, wie die Innenstadt noch vor zehn Jahren ausgesehen hat, darf daran glauben. Von dem mindestens ebenso alten Plan neben dem Stadion ein Hotel der Luxusklasse zu bauen gab es dagegen schon lange nichts mehr zu hören.

Viel konkreter ist das Vorhaben der Steigenberger-Gruppe am Hauptbahnhof für 18 Millionen Euro bis 2014 ein Drei-Sterne-Superior-Haus mit 160 Zimmern neu zu errichten. Es tut sich also auch hier einiges. Nur die Camper müssen weiterhin auf auswärtige Plätze ausweichen. Duisburg verfügt über keinen einzigen Campingplatz. Nicht einmal Wohnmobilstellplätze gibt es. Das stört manche Besitzer mobiler Heime jedoch nicht, die schöne Jahreszeit trotzdem in wild campender Manier an der Sechs-Seen-Platte zu verbringen. Wer allerdings auf dem idyllisch gelegenen Campingplatz am Entenfang-See campiert ist schon so gut wie in Duisburg. Das Areal auf Mülheimer Gebiet verläuft parallel zur Stadtgrenze und ist unter der Duisburger Vorwahl 0203 zu erreichen.

Für manche verwundernd sind die Hotelschilder neben dem Klinikum Duisburg in Wanheimerort. Neben den Hinweisen auf Notaufnahme oder Parkplatz wird auch an mehreren zentralen Stellen auf das Hotel des Klinikums hingewiesen. Hier wurden im Ärztezentrum des Krankenhauses 14 Doppelzimmer nach Drei-Sterne-Standard für Angehörige und Freunde der Patienten eingerichtet.

Die Industriekultur ist für viele Gäste ein Grund der Region einen Besuch abzustatten.

WISSENSWERTES

Immerhin sechs Kapitel und mehrere Unterkapitel bis hierher und nirgendwo war Platz für Folgendes:

DIE GROSSSTADT DUISBURG ist relativ sicher. Unter den bundesweit 50 größten Städten landete sie 2010 auf Platz 27 und lag bei der Zahl der verübten Straftaten im Verhältnis zur Einwohnerzahl unter dem Mittelwert.

DIE STADT AUF dem Fahrrad zu erkunden ist die schönste Variante, Duisburg kennenzulernen. Es stehen 410 Kilometer Radlerstrecken zur Verfügung. Und wer die Stadt besucht und keinen Drahtesel dabei hat, kann sich einen mieten. Die Zahl der Ausleihstationen im Stadtgebiet wuchs 2010 auf 32.

UNTER DEM NAMEN „Schwelgern 1" nahm Deutschlands damals größter Stahlkonzern, die August-Thyssen-Hütte, für 400.00 Millionen D-Mark 1973 Europas größten Hochofen in Betrieb. Der Superhochofen produzierte pro Tag 10.000 Tonnen Roheisen. Die Bevölkerung litt ein Jahr unter Lärm und Smog, dann reagierte das Unternehmen und besserte nach. Inzwischen wurde die Eisenschmelze fünf Mal nachgerüstet.

Duisburg ist – nicht zuletzt wegen dieser drei Polizisten – relativ sicher.

WINDRÄDER, WIE SIE am Niederrhein sonst so häufig vorkommen, wird es so bald nicht in Duisburg geben. Die Pläne für den einzigen möglichen Standort im Essenberger Bruch wurden 2012 aufgegeben.

IN DEN 1930ER Jahren hatte Duisburg seinen eigenen Flugplatz in Neuenkamp. Im Zweiten Weltkrieg starteten hier Sturzkampfflugzeuge – die sogenannten „Stukas".

LAUT DUISBURG MARKETING Gesellschaft ist Duisburg Deutschlands Matjeshauptstadt. Nirgendwo sollen pro Jahr so viele Salzheringe verspeist werden. Kein Wunder, schließlich dreht sich seit fast 20 Jahren beim Matjesfest in der Innenstadt drei Tage lang alles um die köstliche Fischspezialität. 50.000 Besucher sind alljährlich mit von der Partie.

DIE STADTWEIT BELIEBTESTEN Vornamen bei Mädchen waren in den vergangenen Jahren Sophie und Marie, Jungen wurden am häufigsten Leon oder Luca genannt.

IN DUISBURG LIEGEN über 5.000 Schätze vergraben. Beim „Geocaching", einer modernen Form der Schnitzeljagd mit GPS-Koordinaten, geht es darum in Verstecken deponierte „Caches" zu heben. Sie glauben gar nicht, wie oft Sie am Tag an einem der Schätze vorbei laufen, ohne es zu ahnen.

IN DEN 1950ER Jahren waren Seifenkistenrennen eine ernstzunehmende Sportart im Nachkriegsdeutschland. Ab 1952 fanden mehrere Bundesmeisterschaften auf der Uhlenhorststraße im Stadtwald statt. Die Fahrer wurden von tausenden Zuschauern bejubelt.

IN DUISBURG STEHT laut Guinness-Buch der Rekorde das mit 12.000 qm größte Zoofachgeschäft der Welt. „Zoo Zajac" in Neumühl hat jährlich rund eine Million Besucher (so viele wie der Zoo) und kommt auf cirka auf 20 Millionen Jahresumsatz. Rund 1,5 Millionen Tiere stehen hier zum Verkauf. Gegründet wurde das Geschäft 1975 von Norbert Zajac, der 2010 vom Bundesverband mittelständische Wirtschaft zum Unternehmer des Jahres gekürt wurde.

BEI BAUPROJEKTEN WERDEN fast immer Bomben aus dem Zweiten Weltkrieg gefunden. Allein seit 2007 wurden rund 60 Bomben erfolgreich entschärft.

Der Autor mit einem gehobenen Cache in Walsum.

THEODOR SCHEULEN, GEBOREN 1841 in Ruhrort, ist ein berühmt-berüchtigter Scherzbold und Volkssänger aus Duisburg. Unter dem Spitznamen „Heinebein" trieb der kautzige Schelm über Jahrzehnte seinen Schabernack und machte sich damit nicht nur bei den Kindern der Stadt beliebt. Schon als Kind führte er mit seinem Vater ein Schaustellerleben – samt Tanzbär. Später zog er mit Frack und Zieharmonika durch Duisburg und ließ sich nie lange bitten, Musik zu machen. Beliebt wurde er aber vor allem mit derben Streichen und fröhlichen Sprüchen, mit denen er Betrüger vorführte. Er starb 1914.

Das Ruhrgebiet hat sich in den vergangenen Jahrzehten massiv verändert, ist aber lebendig geblieben und lebenswerter geworden.

DAS SAGEN DUISBURGS PROMINENTE

Exklusiv für dieses Buch haben einige der berühmtesten Duisburger aufgeschrieben, was sie mit der Stadt verbindet.

RALF JÄGER

Minister für Inneres und Kommunales des Landes Nordrhein-Westfalen

„Eher bescheiden, nicht protzig, aber trotzdem seiner Stärken und Bedeutung bewusst, so kann man die Metropole im Westen vielleicht beschreiben. Der Hafen als Verpflichtung immer auch Tor zur Welt zu sein. Als Umschlagstation für die Industrie an der Ruhr handfest – aber auch der Leichtigkeit des Rheinlandes verbunden – eine sympathische Mischung.

Duisburg weiß, dass Wohlstand nicht von selbst kommen muss. Einen Besuch „unter Tage“ in der Zeche Walsum vergisst man nicht. Harte Arbeit und viel Können, aus beiden ist Stolz entstanden, den man heute noch spürt. Das ist die Grundlage eines Zusammenhalts, den ich in Meiderich erlebt habe, wo ich im Schlagschatten des Thyssenwerks Ruhrort groß geworden bin. Der rote Sinterstaub prägte vor 40 Jah-

Ralf Jäger joggt gerne durch den Stadtwald.

ren das Ortsbild. An der Kneipe meiner Mutter tranken alle ihr Bier. Der Wert von sozialem Zusammenleben wurde erlebbar.

Wenn man heute einen Waldlauf durch den Duisburger Wald macht – was ich immer gerne mache – da merkt man schnell: der Erholungswert ist gestiegen. Die Lebensqualität machen aber weiterhin in erster Linie die Menschen selber aus. Und da ist festzustellen: Das soziale Gewissen ist geblieben und das ist ein riesiger Schatz."

HATICE AKYÜN

Journalistin, Buchautorin und Trägerin des Duisburger Preises für Toleranz und Zivilcourage 2009

„Vor einiger Zeit wurde ich gefragt, was für mich Heimat bedeute. Ich musste nicht lange überlegen, denn ich habe ein bestimmtes Bild vor Augen: Heimat ist für mich die A42, die durch Duisburg geht. Hochöfen, die in den Himmel ragen. Ich kenne die A 42 in- und auswendig. Aber auch wenn ich zum millionsten Mal dort entlangfahre, berührt es mich – das ist Heimat. Mit Duisburg verbinde ich meine Kindheit, meine Jugend, und auch eine Zeit, in der ich noch keinen Migrationshintergrund hatte und einfach nur Hatice, der Mensch, war. Eines hat meine Stadt für mich immer einzigartig gemacht: Hier ist jeder Duisburger, ganz egal, woher er kommt oder woran er glaubt."

NIKOLAUS SCHNEIDER

Ratsvorsitzender der Evangelischen Kirche in Deutschland

„Der für mich wichtigste und schönste Ort in Duisburg ist der Stadtteil, in dem ich groß geworden bin. Mit romantischen Gefühlen denke ich an Hüttenheim, das z. B. abends in ein wunderbares rotes Licht getaucht war, wenn die Siemens-Martin-Öfen bei Mannesmann beschickt wurden. An das Hüttenheimer Gemeindehaus denke ich gerne zu-

Wenn Hatice Akyün über die Brücke der A42 fährt, fühlt sie sich zu Hause.

An die Sechs-Seen-Platte hat Nikolaus Schneider nur gute Erinnerungen.

rück: Die Treffen unseres Sonntagskreises, Gottesdienste und Kindergottesdienste, Jugendstunden mit Sport und Andachten, Kindergottesdienstvorbereitung bei Pfarrer Barkenings und so oft wie möglich Tischtennis im Keller. In meiner Jugendzeit wusste ich die Sechs-Seen-Platte sehr zu schätzen: schwimmen, rudern oder einfach die wunderbare Natur genießen. Und heute fahre ich mit der Familie in den Landschaftspark Nord, um dort spazieren zu gehen und im alten Eisenhüttenwerk Kindern und Enkelkindern zu erläutern, wie und unter welchen Umständen ihr Groß- bzw. Urgroßvater Geld verdienen musste. Ich sehe heute mit Freude, dass die Innenstadt und der Innenhafen mit neuen baulichen Impulsen in ganz erfreulicher Weise weiterentwickelt wird."

Die Moschee in Ahmet Öners Heimat Marxloh.

AHMET ÖNER

Früherer Profiboxer, heute Promoter

„Marxloh ist nicht nur der Ort, an dem ich groß geworden bin und noch heute viele Freunde habe, sondern für mich auch ein Beispiel dafür, wie Multikulti in Deutschland funktioniert. Inzwischen komme ich durch meinen Beruf viel rum, lebe in Istanbul und Miami, bin regelmäßig in New York, Los Angeles, Las Vegas, Mexico City ... Aber ich komme immer wieder gerne zurück nach Marxloh, besuche meine Eltern, gehe mit Freunden was essen oder Tee trinken. Ich mag Duisburg und vor allem Marxloh, weil es so ehrlich ist."

HERIBERT HÖLZ

Bürger des Jahres 2011 und Autor des Buches „Von Lebertran bis Slivovic"

„Seien wir ehrlich. Wer den Namen Duisburg hört, der denkt oft: „Och herrje, das ist eine schmutzige Stadt, grau und wenig attraktiv. Da packe ich mir gleich ein besonders großes Stück Seife ein, wenn ich dorthin fahre. Ein Klischee, das sich hartnäckig hält. Zu Unrecht.

Ich bin 1942 im schon damals nicht bevorzugten Industriestadtteil Hochfeld geboren. Damals standen hier prosperierende Hüttenwerke wie die Kupferhütte, die deutschlandweit ein Vorzeigebetrieb war. Anstelle der damaligen Industriegelände sind jetzt vorbildliche grüne Lungen getreten. Freizeitparks für Jung und Alt, an einer Seite vom Rheinstrom begrenzt. Hier haben Stadtplaner unter anderem ein Dorado für Skater geschaffen, ebenso für Spaziergänger – ohne die Industriekultur zu zerstören.

Als waschechter Duisburger Jung habe ich einen Beruf ergriffen, der wegen des größten Binnenhafens Europas geradezu mit Duisburg verwachsen ist. Ich lernte bei einer holländischen Reederei einen Beruf in der Binnenschifffahrt. Wer heute durch Ruhrort

Heribert Hölz freut sich, dass Hochfeld mit dem Rheinpark aufgewertet wurde.

schlendert dem kann es noch immer passieren, dass Schifferkinder mit Teddy im Arm von Bord ihres Schiffes winken während sie auf dem Weg nach Rotterdam oder Basel sind.

Denke ich an Duisburg, denke ich auch an den Segelfliegerberg in Bissingheim. Jene kleine Erhebung, die sich im Süden über der Eisenbahnersiedlung erhebt. Hinter der bewaldeten Kuppe erstreckt sich eine sandige, abwärts gerichtete kahle Fläche. Ich erinnere mich daran, dass ich hier als Kind manche Schlachten im „Geländespiel" geschlagen habe. Das jetzt angrenzende Naherholungsgebiet der Sechs-Seen-Platte ist ein Musterbeispiel dafür, wie man die natürlichen Gegebenheiten für Menschen nutzbar machen kann. Ich denke an den Kaiserberg mitten im Duisburger Wald. Eine sanfte Erhebung in der Nähe des renommierten Zoos.

Duisburg ist ohne Fußball nicht denkbar. Dabei kommt mir nicht so sehr der Vorzeigeclub MSV Duisburg in den Sinn, sondern der Breitensport. Wegbereiter dafür war für mich der Sechs-Tore-Platz wie das Gelände südlich der Sportschule Wedau damals genannt wurde. Was habe ich da gehöscht. Und die Regattastrecke nebenan ist das Tüpfelchen auf dem I.

Auch heute ist Duisburg eine liebenswerte Stadt, deren Image dringend aufpoliert werden muss. Da kommt mir eine Geschichte in den Sinn, die ich mal aufgeschnappt habe und die die Originalität auf amüsante Weise herausstellt: Fährt man in den Bahnhof von Berlin ein, dann liest man: Berlin – die geschichtsträchtige Bundeshauptstadt. Kommt man nach Hamburg, liest man: Hamburg, das Tor zur Welt. Hält der Zug im Münchener Bahnhof steht da: München, die Weltstadt mit Herz. Und rollt der Zug in den Duisburger Bahnhof, dann liest man: Pizza 4,50 Euro."

So sieht Peter Lindberghs Erinnerung an Duisburg aus.

PETER LINDBERGH

Fotograf und Filmemacher

„Duisburg ist für mich zu allererst mit romantischen Erinnerungen verbunden. Das Duisburg von heute ist mir weitgehend unbekannt. Woran ich mich erinnere waren die Jahre in denen die Rheinwiesen in Rheinhausen mein Spielplatz waren. Ich fühlte mich damals wie ein kleiner Chef unter meinen Freunden, weil eben diese Rheinweisen von meinem Onkel, der Schäfer war, gepachtet waren.

Es war ein aufregender Kontrast: Auf „unserer" Seite die Natur, auf der anderen die Industrie. Ich habe dann später bei Karstadt eine Lehre als Schaufenstergestalter gemacht, drei Jahre Lehre plus ein Jahr danach. Damals noch unter dem Namen Peter Brodbeck. Duisburg war also schon eine aufregende Stadt für einen heranwachsenden Jungen."

SEBASTIAN RUNDE

„klügster Deutscher" und MSV-Vorstandsmitglied

„Duisburg ist eine Stadt der Gegensätze. In Hüttenheim ist auch heute noch die Stahlproduktion lebendig, während sich der Innenhafen bei verschiedensten Dienstleistern großer Beliebtheit erfreut. Das Neudorfer Uni-Viertel wird von Studenten bevorzugt, während sich Familien in der dörflichen Idylle Serms den Traum vom Eigenheim erfüllen. Auf diversen Golfplätzen werden Kontakte und Handicaps gepflegt, während sich mehr oder weniger talentierte Fußballer auf unzähligen Ascheplätzen die Knie blutig grätschen.

Sebastian Runde kennt die Sechs-Seen-Platte in- und auswendig.

Passend dazu könnten meine Lieblingsplätze in Duisburg kaum gegensätzlicher sein. Da ist zum einen das Sommerkino, das jedes Jahr im Landschaftspark Nord stattfindet. Die Leinwand in der alten Gießhalle des Hochofens, gepaart mit der großartig illuminierten Kulisse des Landschaftsparks begeistert mich. Hinzu kommt das großartige Programm, das die klare Handschrift des Filmforums trägt. Dieses Programmkino gehört vollkommen zurecht zur ersten Garde ernstzunehmender Filmtempel in NRW.

Mein zweiter Lieblingsplatz steht für eine ganz andere Form der Kultur: Das Wedaustadion beheimatet mit dem MSV Duisburg einen wahren Traditionsverein. Es ist für mich ein Ort, mit dem ich viele Emotionen verbinde.

Die negativen kann und darf man nicht vergessen, aber lieber erinnert man sich an Tage wie den 1. März 2011, als der MSV zuletzt ins Pokalfinale einzog. Es gibt wenige Anlässe, an denen man zu solchen Jubelstürmen ansetzt – das sind Tage, die man nie vergisst.

Die dritte Station führt uns noch ein Stück weiter in den Süden: Die Sechs-Seen-Platte ist ein Juwel, das nur wenige gleichwertige Gegenstücke in deutschen Großstädten besitzt. In einer WDR-Doku wurde das Naherholungsgebiet mit einer schwedischen Seenlandschaft verglichen – und so weit, wie es zunächst klingt, ist der Vergleich gar nicht hergeholt. Wer sich ein bisschen auskennt, findet eine abgelegene Bucht, um einen wirklich entspannten Sommertag am See zu verbringen. Abends laden verschiedene Orte dazu ein, bei einem KöPi den Sonnenuntergang zu genießen. Als gebürtiger Großenbaumer habe ich diese Möglichkeiten immer sehr geschätzt und gerne genutzt.

Das alles sind Orte, die Duisburg auch für Gäste attraktiv machen. Aber so schön diese Sehenswürdigkeiten auch sind, so kann eine Auflistung doch nicht das widerspiegeln, was ich wie viele andere Duisburger für diese Stadt empfinde: ein Gefühl von Heimat, genährt von den vielen Erinnerungen, Erfahrungen und Begegnungen, die untrennbar damit verbunden sind, hier aufgewachsen zu sein. Und ist eine andere Stadt noch so großartig, wird sie nie ein derartiges Gefühl erzeugen können. Das wurde mir erst richtig klar, als ich aus meinem Auslandsjahr in London zurückkam. In der Kultur- und Partyhochburg Europas hatte ich wunderbare Monate verbracht, aber spätestens als der olle Stadtwerketurm grün am Horizont leuchtete, wusste ich: Hier bin ich zu Hause."

JÜRGEN HINGSEN

ehemaliger Weltrekordhalter im Zehnkampf

„Ich kann und will nach einer derart desolaten politischen Verantwortungslosigkeit nach dem Desaster der Loveparade kein Buch über die Stadt Duisburg unterstützen."

FRITZ PLEITGEN

ehemaliger WDR-Intendant und Vorsitzender der Geschäftsführung der Ruhr 2010 GmbH

„Ja, ich fühle mich als Duisburger, obwohl ich hier nur wenige Monate gewohnt habe. Kurz nach meiner Geburt war meine Familie nach Essen gezogen, wo mein Vater endlich eine gute Arbeit fand. Dennoch bleibt mir Duisburg nahe, auch weil die Stadt viel mitgemacht und immer wieder bittere Tage zu verkraften hat.

Fritz Pleitgen liebt die Stelle, an der die Ruhr in den Rhein fließt.

Wo ist mein Lieblingsplatz? 300 m hoch in einem Luftschiff. Von dort genieße ich in aller Ruhe die einzigartige Lage von Duisburg. Alle Wege scheinen hierhin zu führen. Flüsse, Kanäle, Eisenbahnlinien, Autobahnen und Straßen. Daraus ist viel zu machen, wie am Hafen zu sehen ist. Er hat es unter die Top-Hundert in der Welt geschafft, vor Marseille und Miami. Und das weitab von der Meeresküste. Eine Klasse-Leistung!

Und dann die Kultur! Wer exquisite Ausstellungen erleben will, möge nach Duisburg kommen. Lehmbruck, DKM und Küppersmühle haben immer etwas Besonderes im Angebot. Hohe Kunst habe ich auch in ehemaligen Industrie-Anlagen gefunden, zum Beispiel im Landschaftspark Nord. Hier können Musik und Theater ganz anders ausgespielt werden als in konventionellen Häusern. Mahlers „Achte“ oder Ionescos „Stühle“ haben mich nie so beeindruckt wie in den Hallen des früheren Thyssen-Hüttenwerks.

Wo ist mein Lieblingsplatz an Land? Auf der Spitze der Mercator-Insel, wo der Rhein die Ruhr mit auf die Reise zum Meer nimmt! Hier könnte ich mir eine Bühne für große Pop-Konzerte oder Opern vorstellen. Ein Bregenz am Rhein. Scheint ziemlich hoffnungslos zu sein. Aber man wird ja noch träumen dürfen.“

ANDREAS RÜTTGERS

Vorstandsvorsitzender des MSV und Leiter Flugreisen bei der Schauinsland GmbH

„Es gibt so viele Plätze in Duisburg die es verdient hätten zu „meinen liebsten Plätzen in Duisburg“ auserkoren zu werden. Da gibt es im Norden die Rheinauen in Walsum, deren bezaubernde Natur, Körper und Geist entspannen lassen, genauso wie den Sportpark Wedau im Süden, der bei den World Games seine ganze beeindruckende Vielfalt zeigen konnte. Das ist das Faszinierende an Duisburg: Es gibt fast nichts, was es nicht gibt und man wird immer wieder auf´s Neue überrascht, wenn man sich die Zeit nimmt, Duisburg zu entdecken.

Andreas Rüttgers entspannt gerne in den Rheinauen.

Und doch gibt es diesen einen Ort in Duisburg, an dem ich vor Enttäuschung gleichermaßen wie vor Freude Tränen vergossen habe. Das Wedaustadion und die Schauinsland-Reisen-Arena, das zu Hause der Zebras, unseres MSV, der uns immer wieder Emotionen entlockt und mit dem wir wie im wahren Leben Freud und Leid gleichermaßen teilen. Wenn beim Zebra Twist auch nach vielen Jahrzehnten noch immer tausendfach das „M – S – V“ durch die Arena schallt, dann weiß man, hier bin ich zu Hause, hier gehöre ich hin.“

CARSTEN KAUTZ

Duisburger Jung und Arbeiter bei Thyssen-Krupp Steel

„Ich bin in Duisburg geboren und habe hier fast mein ganzes Leben verbracht. Meine Kindheit verbrachte ich in Wanheimerort, in der Nähe der Sportschule Wedau. Es war eine tolle Zeit aus der mir vor allem die vielen Fußballspiele auf dem Sechs-Tore-Platz, die Streifzüge mit meinen Freunden durch den Stadtwald und das Fische fangen im Dickelsbach in Erinnerung geblieben sind. Später war auch die Kirmes am Stadion angesagt, wo ich an der Raupe nach Mädels Ausschau hielt.

Bedingt durch die Nähe zur Regattabahn kam ich zum Kanusport beim WSV Niederrhein Duisburg, den ich fast 20 Jahre mit Leidenschaft ausübte. Unvergesslich sind aber auch die tollen Abende im Old Daddy in der Innenstadt. Es war ein Muss, sich jeden Freitag hier mit den Kumpels zu treffen und auf der Tanzfläche ordentlich Gas zu geben. Musik und Publikum waren einmalig. Nach diesen langen Nächten frühstückten wir morgens um 6 Uhr gegenüber bei Pommes-Walter. Immer das gleiche, der berüchtigte Asi-Teller: Currywurst, Curryfriko, Pommes, Majo. Danach ging es mit dem Taxi nach Hause.

Riesengroß war und wird meine Liebe zum MSV Duisburg immer bleiben. Auch wenn ich oft enttäuscht wurde. Was habe ich schlechte Spiele miterleiden müssen, mehrere Abstiege aus der Ersten, dann sogar aus der Zweiten Liga. Aber das waren alles keine Gründe, mich von dem geilsten Verein der Welt abzuwenden. Zusammen gingen wir durch dick und dünn. Wir fuhren nach Emden oder Meppen mitten hinein in die tiefsten Bauernlandschaften. Aber auch zu Derbys und wir feierten die Fahrten im Europapokal. Das UI-Cup-Finale in Auxerre 1997 ist unvergessen. Es gibt viele Spiele, die mir heute noch eine Gänsehaut bereiten, wenn ich daran denke. Wenn die Nordkurve eine ganze Stadt zum Beben bringt und die Zebras nach vorne peitscht. Doch das alles wird von dem Pokalendspiel in Berlin 2011 übertroffen. Ich freute mich wie wahnsinnig auf den Tag. Mit viel Glück hatte ich Karten bekommen und mein Sohn und ich saßen im Olympiastadion. Die Stimmung war bombig. Und dann passierte es. Schalke schoss ein Tor nach dem anderen und es stand 5:0. Aber dann geschah das Wunder von Ber-

Eine Kindheit in Duisburg ohne Trinkhallen ist möglich – macht aber viel weniger Spaß.

lin. Damals waren noch zehn Minuten zu spielen und plötzlich erhoben sich alle Duisburger und feierten sich, den Verein und die Stadt mit einer Begeisterung die ich noch nie erlebt habe. Ich liebe meine Heimatstadt. Wegen des MSV, aber auch wegen der vielen eindrucksvollen Gebäude, der Industrielandschaften, der Erholungsgebiete und wegen des Rheins. Jedes Jahr ist es für meine Frau und mich ein besonderes Erlebnis, wenn beim Rhein-Ruhr-Marathon tausende Läufer an uns vorbei ziehen, während wir mit Kaffee und Croissants die Atmosphäre genießen.

Ein wichtiger Teil von Duisburg ist für mich auch der Stadtwerketurm. Er begrüßt einen schon von weitem, wenn man nach Hause kommt. Wenn er abgerissen wird, wird er mir sehr fehlen."

DIE SICHT VON AUSSEN

Und dann gibt es noch diesen Satz von Christoph Driessen von der Deutschen Presse-Agentur, der Ende 2011 nach einem Duisburg-Besuch festhielt: „Es ist eine Stadt, die man unbedingt wieder besuchen will. Vielleicht nicht schon nächstes oder übernächstes Jahr. Aber in zehn Jahren. Um dann zu sehen, was aus ihr geworden ist."

Mein Rat: Warten Sie nicht so lange.

ZUM ABSCHLUSS. EIN WOCHENENDE IN DUISBURG

Der Gasometer im Landschaftspark ist ein Paradies für Taucher.

FRÜHLING/SOMMER

Tag 1

- Zum Frühstück in eines der Cafés mit Außenterrasse auf der Königstraße, vielleicht auf der Terrasse des Forums mit Blick über die Stadt, direkt am Wasser im Innenhafen oder in eine der Bäckereien in den Stadtteilen.

Hafenrundfahrt

- Spaziergang durch den Innenhafen und anschließend entlang der Max-Peters-Straße bis zum Ruhrdeich (Einkaufsmöglichkeit).

Picknick in den Wiesen am Ufer

- Spaziergang erst über die Ruhrschleuse, dann entlang der Ruhr zur Schleuse Meiderich, der ersten des Rhein-Herne-Kanals, bis zu den Ruhrauen in Mittelmeiderich.

Abendessen auf der Terrasse des Restaurants „Marmaris" mit Blick auf die Ruhr

- Wer jetzt noch etwas erleben will, besucht den Innenhafen, eine der größten Diskotheken in Deutschland, den „Delta-Musikpark" in Meiderich, oder geht ins Casino Duisburg in der Innenstadt.

Ein Streifzug durch Duisburg führt durch Arbeitersiedlungen, grüne Oasen und Landschaften, die zu jeder Jahreszeit schön sind.

Tag 2

- Nach dem Frühstück mit dem (Miet-) Fahrrad zum Schwimmen oder Spazieren ans Wasser. Am besten zur Sechs-Seen-Platte in Wedau. Schön sind aber auch der Lohheider See in Baerl, der Kruppsee in Rheinhausen (mit Wasserskianlage) oder das Freibad Großenbaum. Anschließend entlang der Regattabahn zurück.
  In der Nähe des Stadions kann man sich am Hochseilklettergarten im Wald aktiv betätigen, Wasserski fahren am Strandbad Wedau oder es sich im Biergarten des Seehauses gemütlich machen.
- Am Abend geht es entweder etwas gediegener ins Restaurant des Seehauses oder zu „Dettmanns“ oder ganz leger zum Italiener um die Ecke.

HERBST/WINTER

Tag 1

- Nach dem Frühstück geht es in eines der Museen. Das „Binnenschifffahrtsmuseum“ und das „Stadthistorische Museum“ erzählen am meisten über Duisburg.
- Anschließend entweder ins Restaurant „Schiffchen“ oder ein anderes Restaurant am Innenhafen.

Auf zum Shoppen in die City: Königstraße, Sonnenwall, Münzstraße

- Herzhaftes Abendessen in der „Schimanski-Pommesbude“ oder süße Stärkung im Café der „Konditorei Dobbelstein“ vor dem Besuch von Konzert oder Aufführung im „Stadttheater“, „Mercatorhalle“ oder „Säule“.
- Abschließend ein Absacker in der Fairway Lounge Hotel Bar im Grand City Hotel Duisburger Hof oder im Brauhaus „Webster“.

Tag 2

- Nach einem langen Abend starten wir gemütlich beim Brunch im „Babasu“ in Neudorf, im „Pulp“ in Hochfeld, im „XXL“ in Hüttenheim oder im Walsumer „Brauhaus Urfels“.
- Danach geht es zum Relaxen in den Revierpark Mattlerbusch und die „Niederrhein-Therme“.
- Bei Dunkelheit beginnt im Landschaftspark Nord die Fackelführung.
- Gemütlich und zünftig klingt der Tag am (vorbestellten) Tisch im „Walsumer Hof“ aus.

Der „Duisburg-Song“

von Stefán van Cassenberg

Du bist ne Burg
schon lang nicht mehr
Dein Charme hat irgendwie
morbiden Flair

Dich gern zu haben,
fällt manchmal schwer
Und manchmal nervst Du
mich auch sehr

Du hast nen Hafen
von Weltformat
Und wirkst verschlafen
nicht grad apart

Man denkt an Stahl,
Ruß, Industrie
Doch Deinen Charme
Den sieht man nie

Seit 1000 Jahren kennt man Dich
Seit 1000 Jahren fragt man sich

Du kleine Pflanze
an Rhein und Ruhr
wie kommt man Dir auf Deine Spur

Es sind die Menschen
nicht nur allein
Ihr Charme ist grob,
und doch auch fein

Es ist das Feeling
in dieser Stadt
man liebt Dich heiß
man hat dich satt

Duisburg ist Rheinland
ist Niederrhein
Kohlenpotthimmel
und Sonnenschein

Du hast Probleme
von Weltformat
und stets ne Antwort
darauf parat

Du bist ne Perle
an Rhein und Ruhr
von Arroganz fehlt Dir jede Spur

Du hast Probleme
von Weltformat
doch stets ne Antwort
darauf parat

Duisburg ist Pott
ist Niederrhein
Dein Antlitz ist nicht besenrein

Doch ganz egal,
es ist wie es ist
Und eines ist bei dir stets gewiss

Wenn Du vielleicht auch nicht alles hast,
so bist Du
doch ganz einfach,

Du bist die Stadt
Die zu mir passt

STEFÁN V. CASSENBERG, geboren als Skorpion im Skorpion am 11. November des schönen Jahres 1964. Über 20 Jahre lebte er immer in Hochfeld, auch der südliche „Rest“ von Duisburg ist ihm nicht unbekannt. Jetzt ist die City sein Zuhause! Der gelernte Schauspieler und Regisseur schreibt seit 1996 Theater- und Filmskripte, arbeitet bundesweit vor und hinter der Kamera, wenn er nicht dem Nachwuchs auf die Sprünge hilft und „Summer Classes“ gibt. Stefán v. Cassenberg ist begeisterter und bewusster Duisburger, der sich immer wieder gegen den Umzug in eine Filmstadt und für das Duisburger Pflaster entscheidet.

Duisburg ist lebhaftes Oberzentrum, die Großstadt bietet aber auch viele malerische und stille Rückzugspunkte.

Schlussbemerkung

Liebe Oberhausener, an der einen oder anderen Stelle in diesem Buch nehme ich Bezug auf Ihre Stadt. Meistens mit einem Augenzwinkern (!). Ich habe nichts gegen Oberhausen. Schließlich ist es eine Nachbarstadt des schönen Duisburgs. Und auch die anderen positiven Seiten Ihrer Stadt hätten viel mehr Aufmerksamkeit verdient.

Fragen/Anmerkungen

Die meisten Adressen zu den beschriebenen Orten in diesem Buch sind im Internet gut auffindbar – wenn Sie aber noch Fragen haben, stellen Sie diese bitte an hofmann@wortdrauf.com. Oder besuchen Sie meine Homepage: www.dumeinduisburg.de.

Fotoquellenverzeichnis

Fotos Marco Hofmann, mit Ausnahme von:

Jörg Blau: Seite 123, 125 unten

Hans Blossey: Seite 18/19, 84

Stefán van Cassenberg: Seite 219 oben

Arno Declair: Seite 156 unten

JiSIGN/Fotolia: Seite 218/219 unten

kaʁstn Disk/Cat, Wikipedia: Seite 70/71

Carsten Kautz: Seiten 49, 51, 166/167, 174/175, 209

Christian Knospe/Fotolia: Seite 136

Andreas Kühn/Fotolia: Seite 192/193

Alexander Laubenthal (hallo@alexanderlaubenthal.de): Seiten 7, 11, 12 unten links, 13 oben, Mitte und rechts, unten links, 14, 15, 16, 17 links, 20 unten, 25, 26 alle, 28, 29, 30, 31, 42, 43, 44, 47, 48, 50, 53, 54, 55, 56, 58, 60, 61, 73 unten, 79, 82, 83, 88, 90, 91, 92, 93, 97, 100 rechts, 101, 102, 103, 104, 105 rechts oben und unten, 106, 107, 108, 109, 110 unten links und rechts, 111, 112 unten links, 114, 115, 116, 117, 120, 121, 124, 125 oben rechts, 126, 127, 130 oben links, 131, 134, 142, 143, 144, 146, 149, 150, 153, 156 oben, 158, 163, 168, 170, 171, 173, 178, 179, 181, 184, 188, 194, 195, 199, 200, 201, 202, 204, 205, 206, 207 unten, 208, 211, 213, 216, 217, 220

Sören Link: Seite 7

MSV Duisburg: Seiten 98/99, 166 links

Stadt Duisburg: Seite 12 oben links, 20 oben links

Andreas Ocklenburg: Seite 159, 160 oben

Andreas Sadrina: Seite 176/177, 182

Josip Sosic: Seite 167 rechts

ThyssenKrupp Steel Europe AG: Seiten 5, 13 Mitte links, 57, 59, 62, 65, 105 oben links

Universität Duisburg Essen: Seiten 72, 73 oben

„Eine tiefe Verbeugung vor der Würde und dem Anstand einfacher Menschen"

Fritz Pleitgen

Ellen de Witte

Familienbande – Liebe, Lachen, Tränen

Episoden einer Familiengeschichte vom Kaiserreich
bis zur Bundesrepublik Deutschland

Mit einem Vorwort von Fritz Pleitgen

192 Seiten, Paperback mit Folienkaschierung, Format: 12,8 x 21 cm
ISBN 978-3-939256-04-5
€ 14,95

„Schön habt ihr es hier, wie auf dem Lande", lobte Lisa. Es war alles so friedlich. Nichts schien darauf hinzudeuten, dass im nächsten Jahr, 1939, der zweite große Krieg des Jahrhunderts ausbrechen würde."

„Familienbande" ist weit mehr als die wahre Geschichte einer Duisburger Familie. Die hier beschriebenen exemplarischen Schicksale stehen vielmehr beispielhaft für ähnliche Erlebnisse von Millionen anderer Menschen, die zwangsläufig in die unsäglichen Ereignisse der ersten Hälfte des 20. Jahrhunderts hineingezogen wurden.

anno
verlag

www.anno-verlag.de